JANA HENSCHEL & ULRIKE SCHACHT

GARDEN GIRLS

20 FRAUEN UND IHR TRAUM
VON DER EIGENEN LAUBE

CALLWEY

INHALT
Garden Girls

VORWORT	Neues vom Himbeerstrauch	6
NEUE HEIMAT	Anna Weis, Berlin	8
MRS. MINT	Claudia Neumeier, München	16
SCHICKSALS-GARTEN	Sabine Hernler, Graz	24
GRAUZONE	Gabriele Heiseler, Düsseldorf	32
TIKI-LAND	Sandra Koch, Bielefeld	40
FRAU PÜNKTCHEN	Juliane Franke, Magdeburg	48
RHABARBER-GIRL	Elisa Märkel, Leipzig	56
GUT GRÜN	Esther Dinter, Hannover	64
HEIMSPIEL	Anka Rehbock, Lübeck	72
LAUBE KUNTERBUNT	Janine Sommer, Berlin	82
STADTLAND	Bernadett Faßhauer-Kotte, Berlin	90
ALLES GEMÜSE	Laura Kuhn, Pforzheim	98
LANDLIEBE	Marie Himmel, Hamburg	106
KLEIN KENSINGTON	Christiane Borgmann, Münster	114
FAMILIENBANDE	Dagmar Heitmann, Düsseldorf	122
IN VOLLER BLÜTE	Nabila Pelz, Dortmund	132
GÄRTLI ZUM GLÜCK	Silvia Buchli, Zürich	140
MITTSOMMER-TRAUM	Simone Fürst, Braunschweig	148
EIMSBULLERBÜ	Patricia Groner, Hamburg	158
AUF DEM HOLZWEG	Katrin Osburg, Düsseldorf	166
DIE BESTEN TIPPS DER GARDEN GIRLS	Wie macht ihr das denn so?	176
DIE VERBANDSFRAU	Und wie kommst du jetzt an einen Schrebergarten?	184
DIE PROFI-GÄRTNERIN	So machst du fette Beute	188
DIE ZIMMERMEISTERIN	Warum du keine Angst vor dem Laubenbau haben musst	192
REZEPTE	Frische Küche	194

JANA HENSCHEL UND ULRIKE SCHACHT (V. R.) VOR DER LAUBE DER AUTORIN, WO DIE ZWEI SCHON FRÜHER GERN GEMEINSAM PFLAUMENKUCHEN VERSPEISTEN ODER GEBURTSTAG FEIERTEN, BEVOR SIE SICH AUF DIE REISE ZU DEN SCHÖNSTEN SCHREBERGÄRTEN IN DEUTSCHLAND, ÖSTERREICH UND DER SCHWEIZ MACHTEN.

NEUES VOM HIMBEERSTRAUCH

Eine Sehnsucht wächst im Land: die nach Dreck unter den Nägeln. Eines Tages, wenn der Balkon zu eng wird, wenn die Clematis die Rose einwickelt und das Apfelbäumchen gegen die Hänge-Erdbeere stößt, muss ein Schrebergarten her. Immer mehr gestresste Großstädter träumen von einer kleinen Oase, in der sie nach einem hektischen Tag in der Erde wühlen und beim Anbau des ersten Mangolds eine neue Sinnhaftigkeit erfahren. Sie wollen gestalten, gärtnern und frische Luft einatmen, ohne dafür extra aufs Land zu ziehen.

Fünf Millionen Deutsche ackern schon im Schrebergarten. Und bestimmt ist es euch auch schon aufgefallen: Gerade vollzieht sich in den 15 000 Kolonien ein Generationenwechsel. Die Alten hören auf, die Jungen ziehen ein – ohne Angst vor Gartenzwergen, Gartenordnung und Gemeinschaftsarbeit. Und sie kommen mit frischen Ideen: wie aus der Laube mit der Eckbank Eiche rustikal ein hyggeliges Häuschen wird, wie man akkurat getrimmte Rasenflächen aufbricht und welche alte Erbsensorte als erste ins neue Hochbeet soll.

Wer bei den Gesprächen am Gartenzaun genau hinhört, der erfährt: Die neue Generation Schrebergarten ist weiblich. Es sind fast immer die Frauen, die den Anstoß geben, wenn ein Paar oder eine kleine Familie sich eine Parzelle sucht – um sie liebevoll mit Rosen, Lavendel und Himbeersträuchern zu bepflanzen.

Wer sind diese Frauen? Wir haben einen Sommer lang 20 Schrebergärtnerinnen aus Deutschland, Österreich und der Schweiz besucht. Durften in ihre hübschen Lauben gucken, Kirschen naschen, mit ihnen basteln und Marmeladen, Salate oder Limos probieren, die sie aus der eigenen Ernte zaubern. Wenn wir abends mit Mückenstichen am Bein und Blumensamen in der Hosentasche aus ihren Gärten kamen, waren unsere Köpfe voll von Inspiration. Dann murmelten wir Sätze wie „Der Hocker sah ja cool aus" oder „Das Erdbeer-Tiramisu mache ich nach". Ach und: Eine Wildblumenwiese wollen wir beide jetzt auch!

In diesem Buch zeigen wir euch die besten Ideen unserer Garden Girls zum Pflanzen und Bauen, zum Einrichten und Einwecken. Darunter sind so viele kluge DIY-Tipps und köstliche Rezepte – damit habt ihr mindestens einen Sommer zu tun. Wir freuen uns, wenn sie eure Herzen erreichen. Oder am besten gleich euren Garten!

Zum Schluss ein dickes Dankeschön an unsere Garden Girls. Sie haben uns in ihre private Idylle gelassen, in der sie sich eigentlich am liebsten von der Welt zurückziehen. Und haben all ihr Wissen offenbart, das sie sich über Jahre selbst erarbeitet haben. Das war toll!

Jetzt wünschen wir euch viel Spaß beim Schmökern und Ausprobieren.

Herzlichst, eure Jana & Ulli

NEUE HEIMAT

Neulich war wieder so ein Moment. Anna saß mit ihren Freunden am langen Tisch auf der Terrasse, die Mädchen kletterten im Apfelbaum, vom Grill roch es nach Bratwurst. Da wusste sie, dass sie alles richtig gemacht hatte, als sie vor acht Jahren ihren Garten mitten in der Hauptstadt übernahm. Weil Zofia (9) und Mia (11) hier toben können, wie sie früher als Kind. Weil ihre eigene Sehnsucht nach dem Land seitdem zur Ruhe kam. Und weil sie sich beim Umgestalten ihrer Laube zum Mini-Loft endlich selbst in Berlin verwurzelt hat.

NEUE HEIMAT Berlin

ZIMMER MIT AUSSICHT: FRÜHER WAR DAS HAUS AM FENSTER ZU ENDE. EIN ANBAU SCHUF PLATZ FÜR EINE MINI-KÜCHE. DAS FENSTER BLIEB, ES VERLEIHT DER LAUBE EINE ROMANTISCHE ATMOSPHÄRE.

ANNAS GARTEN-LOFT

Die coolsten Möbel erbte die Grafikerin von den Vorbesitzern ihres Gartens: den Hocker im Industrial-Style oder das Sideboard rechts zum Beispiel. Korbschrank, Tisch und Kinderstühle ergatterte sie auf Ebay. Den Schrank hinter dem Tisch kaufte sie zu Studienzeiten vor über 15 Jahren für ihr damaliges WG-Zimmer auf dem Flohmarkt – und liebt ihn bis heute.

APFELTARTE MIT KARAMELLISIERTEN WALNÜSSEN
Rezept auf Seite 195

Ich muss nur die Augen schließen, dann ist das Gefühl meiner Kindheit wieder da. Dann sehe ich mich mit meinen Eltern beim Frühstück vor unserer Datsche sitzen, den Geruch von reifen Tomaten, Dill und Zwiebeln in der Nase, Sonnenstrahlen kitzeln meine Haut. Wenn wir am Wochenende zu unserem Schrebergarten aufs Land fuhren, konnte ich barfuß über die Wiese laufen und auf Bäume klettern. In diesen Sommertagen fühlte ich mich glücklich und frei.

Ich wurde erwachsen, zog nach Augsburg, Hildesheim, Madrid, Braunschweig, ich studierte, jobbte, fand Freunde, ließ sie zurück, fing wieder neu an – und fühlte mich nach diesen vielen Wechseln irgendwann ziemlich heimatlos. Als ich nach Berlin kam, drehten sich die Uhren noch schneller, erst recht, als ich mich selbstständig machte und Kinder bekam. Mich stresste die Fülle der Erledigungen, die Flut der Mails, die Hektik unserer Zeit. Ich liebte die Großstadt, doch mir fehlte ein Ort zum Durchatmen. Ich brauchte wieder einen Garten – diesmal in der Stadt!

Einen Winter lang fuhr ich Kleingartenkolonien ab. Ohne Erfolg! Die Gärten, die frei waren, fand ich zu teuer, zu runtergekommen, oder die Warteliste schreckte mich ab. Dann entdeckte ich eine Anlage in Pankow, nur wenige Minuten von unserer Wohnung im Prenzlauer Berg entfernt. Ich fühlte mich dort gleich zu Hause. Zweimal die Woche fuhr ich hin, nervte den Vorstand, ob etwas frei wird. Im Juni 2010 durfte ich mir Parzelle 86 anschauen. Die Besitzer waren über 90 und mir gleich sympathisch. Sie hatten über 50 Jahre ihre Wochenenden hier verbracht, zu DDR-Zeiten jedes Bauteil für die Laube kilometerweit mit dem Rad transportiert, jedes Beet mit Liebe bepflanzt, bevor sie die Kräfte verließen. Ich versprach ihnen, gut auf ihren Garten aufzupassen, und übernahm ihn ohne Ablöse.

Mein damaliger Freund und ich begannen mit der Laube. Ich wollte sie moderner haben, aber nicht zu sehr in die Geschichte eingreifen. Die gelbe Teerpappe an den Wänden war vom Efeu zerfressen, musste runter. Wir täfelten das Haus. Die Altbaufenster blieben, auch die Balken, es kam ein Holzboden rein, wir strichen die

NEUE HEIMAT Berlin

COLOR CODE: DIE LAUBE IST AUSSEN MIT DEM GRAUTON „6L-1-6" GESTRICHEN, DEN ANNA BEI OBI MISCHEN LIESS. DER BODEN INNEN TRÄGT DIE ETWAS HELLERE FARBE „FLANELL 64" VON ALPINA. DIE WÄNDE WURDEN INNEN MIT DEM ALTWEISS „RAL 9001" GESTRICHEN.

> „Im Garten habe ich das Urgefühl meiner Kindheit wiedergefunden."

OPEN-AIR-SPÜLE

Mit Vogelgezwitscher im Ohr ist der Abwasch schneller fertig! Das Alugestell stammt von Ikea, das Keramikwaschbecken fand Anna für 16 Euro in der Resterampe. Der hochgesetzte Wasserhahn ist mit einer Holzwand verkleidet, die von hinten im Grau der Laube und von vorn weiß gestrichen wurde. Es gibt sogar einen Haken fürs Geschirrtuch! Anna benutzt nur rein biologisch abbaubares Spülmittel.

Wände weiß – schon sah das Häuschen luftig aus wie ein kleines Loft. Die ersten zwei Jahre ackerten wir durch. Manchmal lud ich die Vorbesitzer zum Kaffee ein, sie freuten sich, was hier Neues passierte, halfen mit Rat. Wie bei der Sauerkirsche, die ich am Anfang so verschnitt, bis sie nur noch drei Blätter hatte. Heute trägt sie wieder! Wir haben auch Äpfel, Pflaumen, Pfirsiche, Stachelbeeren, Erdbeeren, Rhabarber. Ich probiere jedes Jahr neues Gemüse aus: Zucchini, Kürbis, Pastinake … Es ist immer was zu tun, selbst im Winter, da ziehe ich im Wohnzimmer Tomaten vor. Ich habe den Geschmack meiner Kindheit zurückgeholt, den gibt's in keinem Supermarkt. Inzwischen lieben ihn auch meine Töchter, wir essen die Tomaten am liebsten pur.

Wenn die Mädchen an heißen Sommertagen im Baum klettern oder Vogelhäuser bauen, geht mir das Herz auf. Weil ich ihnen jetzt auch diese Pippi-Langstrumpf-Freiheit schenken kann, die ich hatte. Ich liebe das Quatschen mit meiner Freundin über den Zaun, seit sie im Nachbargarten einzog. Und wenn ich mal auf der Liege faulenze und nur in den Himmel starre, dann ist es wieder da: dieses Glück. Im Garten habe ich das Urgefühl meiner Kindheit wiedergefunden. Hier ist es egal, wie ich aussehe, es gibt keinen Zeitdruck, keinen Mailstress. Nicht mal aus der Großstadt musste ich wegziehen, um mein Stück Landleben mitten in Berlin zu haben. Ich bin endlich angekommen.

ANNAS DIY-TIPP

TIPI AUS WEIDENÄSTEN

Das brauchst du: 33 frisch geschnittene Weidenstöcke *(Haselnuss geht auch)*, Spaten, kleine Schaufel, Sandkastenformen, Paketschnur

1 Per Spaten und Sandkastenförmchen (o. Ä.) einen Kreis von 1,5 m Durchmesser markieren. Mit den ersten 2 Stöcken den Eingang kennzeichnen. Diese dabei 30 cm tief einpflanzen.

2 Jetzt die nächsten 15 Stöcke symmetrisch verteilt an den markierten Stellen eingraben. Alle Löcher anfangs per Spaten, später mit der Schaufel graben, damit der Durchmesser nicht zu groß wird.

3 Rechts vom Eingang in jede zweite Lücke einen weiteren Ast schräg nach rechts geneigt einpflanzen, rechts vor dem nächsten senkrecht stehenden Stock entlangführen und ihn an diesem festbinden.

4 In die restlichen Lücken die verbleibenden 8 Stöcke schräg nach links geneigt einpflanzen, vor den linken senkrecht stehenden Nachbarstock biegen und wieder festbinden.

TIPP

DER IDEALE MONAT FÜR DEN BAU EINES TIPIS IST DER APRIL ODER MAI, WENN MAN BÄUME VERSCHNEIDET UND DIE ZWEIGE NOCH NICHT AUSGETRIEBEN SIND. AM BESTEN LASSEN SIE SICH FLECHTEN, WENN SIE FRISCH GESCHNITTEN UND NOCH BIEGSAM SIND. DIE WEIDE KANNST DU VOR DEM EINPFLANZEN INS WASSER STELLEN UND WURZELN LASSEN. DANN WÄCHST DAS TIPI SCHNELLER AN, WIRD FRÜHER GRÜN UND DAMIT DICHTER.

NEUE HEIMAT Berlin

FÜR IHRE GELIEBTEN KRÄUTER LIESS SICH ANNA EIN HOCHBEET IN L-FORM BAUEN. DARIN WACHSEN JETZT ROSMARIN, BORRETSCH UND ANNAS NEUENTDECKUNG YSOP, DER BEI BRONCHITIS ODER MAGEN-DARM-BESCHWERDEN HELFEN SOLL.

TOMATEN-TRICKS

„Ich habe die beste Tomatensorte der Welt gefunden: die Cocktailtomate ‚Besser'. Jungpflanzen bestelle ich bei der Öko-Züchterin Beate Pieper in Wolfenbüttel *(www.buntetomaten.jimdo.com).*"

„Wenn ich meine Stecklinge in die Erde setze, hebe ich das Pflanzloch ein paar Zentimeter tiefer aus und fülle etwas Rasenschnitt und zerkleinerte Brennnesseln hinein. Dann gebe ich etwas Erde darauf und setze die Tomate ein. Durch diese Zugabe erhält die Pflanze Stickstoff, die Verrottung sorgt für Wärme – sie trägt besser."

WER GÄRTNERT HIER?
CLAUDIA NEUMEIER (47), GRAFIKDESIGNERIN AUS MÜNCHEN, BLOGGT AUF WWW.SCHWESTERNWERK.DE ÜBER ACHTSAMKEIT

MRS. MINT

Immer wenn es Claudia und ihrer Schwester als Mädchen im Wohnblock zu eng wurde, liefen sie durch die Schrebergartensiedlung hinter Omas Haus und träumten vom eigenen Garten. Drei Jahrzehnte später wurde dieser Traum für die Münchner Grafikdesignerin Claudia wahr. Wie gut es sich anfühlte, die ersten Zwetschgen vom Baum zu naschen oder das Häuschen in Weiß und Mint zu streichen, wie der Garten zum Paradies für den adoptierten Spaniel Brady wurde und zu ihrem Kraftort, als sie sehr krank war – das erzählt sie hier.

HAUPTSACHE BUNT! CLAUDIAS ERSTE AMTSHANDLUNG IM HÄUSCHEN? DIE VERTÄFELTEN WÄNDE UND DECKENREGALE MIT WEISSER ACRYLFARBE ROLLERN. MIT MINTFARBENEN BOXEN (H&M HOME), MANDALAS VON SCHWESTER KRISTINA (WWW.MANDALAVISION.DE), PAPIERLEUCHTEN UND HÜBSCHER BETTWÄSCHE (BEIDES IKEA) HOLTE SIE ANSCHLIESSEND FARBE HINEIN.

B rady weiß, wie man Schrebergartenliebe zeigt. Sobald wir auf den Parkplatz der Anlage fahren, fängt unser Hund auf der Rückbank an zu jodeln. Kurz vor der Parzelle wird sein Schritt stets etwas schneller. Und kaum haben wir das Tor geöffnet, wälzt er sich vergnügt im Gras.

Das Leben im Schrebergarten ist herrlich, auch für mich und meinen Mann. An Sommer-Wochenenden tauschen wir unsere 60-Quadratmeter-Wohnung gegen unser Häuschen im Grünen. In der Woche verbringen wir die Mittagspause oder Meetings hier. Ich bin freie Grafikdesignerin, mein Mann Typograf, wir teilen uns ein Studio um die Ecke. Aber hier draußen können wir uns viel besser konzentrieren und tanken nebenbei noch Kraft. Als Klaus vor sieben Jahren sagte, dass er einen Schrebergarten will, traf er bei mir auf offene Ohren. Meine Schwester und ich wuchsen im Wohnblock auf, acht Stockwerke, viel Beton, wenig Grün. Wir wollten schon als Kinder einen Garten. Aber unser Vater sagte, so was sei nur gekaufte Arbeit. Also spielten wir weiter Floristin, sammelten Blumen und verkauften Sträußchen für ein paar Pfennig, vom Erlös holten wir Brauseplättchen. Der Traum vom Garten blieb.

Drei Jahrzehnte später wurde er doch noch wahr. In Schwabing, wo Oma wohnte, gab es eine Anlage mit 102 Gärten. Klaus und ich gingen dort oft spazieren. 2011 ließen wir uns auf die Warteliste setzen. Mein Mann träumte: Unser Garten soll in der Mitte der Anlage liegen, damit weder die U-Bahn noch die nahe Autobahn zu hören sind. Und er soll nach Süden ausgerichtet sein, sodass möglichst lange die Sonne auf das Häuschen scheint. Seine Vision wurde wahr: Im Herbst 2013 bekamen wir genau so einen Garten angeboten – echt schnell, heute ist die Wartezeit deutlich länger. Wir zahlten 2300 Euro an den Kleingartenverein und 600 Euro Ablöse an die Gartenvorbesitzerin für 266 Quadratmeter samt Zwetschgen- und Apfelbaum, Beerensträuchern, Schuppen, Geräten und einem Elf-Quadratmeter-Häuschen. Das hatte sogar eine Solaranlage auf dem Dach – ziemlich praktisch, denn es gibt keinen Strom. Ich war so happy, als wir das erste Mal übernachteten, als ich die alte

„Ich war so happy, als ich die alte Anrichte strich und die ersten Zwetschgen vom Baum aß."

ZWETSCHGENMUS AUS DEM BACKOFEN
Rezept auf Seite 197

TOLLE IDEE: DIE KOMMODE VOM VORBESITZER FRISCHTE CLAUDIA AUF, INDEM SIE JEDE SCHUBLADENFRONT IN EINER ANDEREN FARBE STRICH UND PORZELLANKNÄUFE (DAWANDA) DRANSCHRAUBTE.

KLEINER WASSERGARTEN

Für den Mini-Teich grub Claudias Mann an einem halbschattigen Standort ein Loch und füllte zuerst eine Schicht Sand hinein. Dann richtete Klaus das Teichbecken per Wasserwaage aus, streute eine dünne Kiesschicht hinein und ließ Wasser ein. Als sich nach einigen Tagen alles gesetzt hatte, pflanzte Claudia Seerosen und ließ acht Goldfische schwimmen, die dank eines Eisfreihalters *(Baumarkt)* schon drei Winter überlebt haben. Am Wassergarten wachsen Maiglöckchen, Taglilien, Edelpfingstrosen, Akelei und Herbstanemonen. Algenfressende Wasserschnecken und ein Teichpflegeset helfen, dass alles sauber bleibt.

COLOR CODE: FENSTERLÄDEN, DACH-BALKEN UND GARTENTOR TRAGEN EINE WETTERSCHUTZFARBE AUF ACRYLBASIS IN CLAUDIAS LIEBLINGSFARBE MINT (FARBNUMMER: „05.19.05"). DIE TISCH-PLATTE AUF DEM KLAPPGESTELL IM HAUS EINEN ACRYL-HYBRIDLACK („50.18.03", BEIDE HORNBACH).

CLAUDIAS DIY-TIPP

Das brauchst du: Holztablett *(natur, nicht lackiert)*, Zeitschriften, Schere, Pinsel, Hautleim

BUNTES SHABBY-TABLETT

TIPP

UM DAS SHABBY-TABLETT HALTBARER UND UNEMPFINDLICHER ZU MACHEN, KANNST DU ES NACH DEM TROCKNEN MIT KLARLACK EINPINSELN.

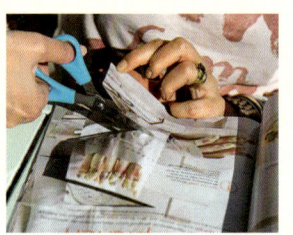

1 Schneide aus deinen Lieblingszeitschriften Motive aus, die dir gefallen.

2 Streiche die Rückseite mit Leim ein.

3 Klebe das Papier so auf das Holztablett, dass sich die Ränder leicht überlappen. Fahre fort, bis das ganze Tablett beklebt ist.

SUKKULENTEN IM HENKELTOPF
Die Hauswurz macht sich gut im rustikalen Topf. In dessen Boden hat Claudia Löcher vor der Bepflanzung gebohrt, damit überschüssiges Wasser ablaufen kann. Die Pflanze braucht nämlich Trockenheit – und viel Sonne!

EFEU-LOUNGE: UNTERM BLÄTTERDACH BLEIBT ES AN HEISSEN TAGEN KÜHL. KLAUS HAT DIE BÄNKE AUS HOLZ SELBST GEBAUT. SIE ZIEHEN GÄSTE MAGISCH AN.

Anrichte strich und im Herbst Zwetschgen vom Baum aß. Zu Weihnachten bekam ich lauter Gartenbücher geschenkt. Im Winter machten wir Pläne, was wir pflanzen werden und ich noch alles in meiner Lieblingsfarbe Mint streichen könnte. Dann bekam ich Brustkrebs. Die Welt stand still. Während der Chemo von April bis Oktober 2014 war ich nur schlapp, konnte nichts tun. Trotzdem kam ich oft her, legte mich aufs Bett und beobachtete die Natur oder Klaus, wie er Hochbeete baute. Der Garten stärkte meine positive Lebenseinstellung, er heilte mich, das Summen der Hummeln wurde meine Meditation. Und wirklich: Hier wurde ich gesund.

Seitdem behandele ich die Natur mit noch mehr Respekt. Bei mir darf jede Schnecke leben, Wühlmäuse können Kohlrabis anknabbern, unser Rasen wurde zur Wildblumenwiese, die Bienen und Hummeln glücklich macht. Das Schreberleben ist gar nicht so spießig, wie die meisten sich das vorstellen. Meine Nachbarn sind super nett, wissen immer Rat, sie lesen sogar meinen Blog! Und seit wir Brady vor zehn Jahren aus einer spanischen Tötungsstation retteten, ergibt der Garten noch mehr Sinn. Hier können wir alle den ganzen Tag draußen sein. Der Garten ist auch zum Treffpunkt für unsere Freunde geworden. Die sind auch schon Gartenfans, helfen oder machen Pesto aus unserem Bärlauch.

Selbst meine Eltern lieben es heute, hier Unkraut zu jäten, meine Schwester kommt so oft wie möglich vorbei. Wenn wir alle unterm Efeudach sitzen und Hugo trinken, lächele ich still in mich hinein. Weil unser Traum vom Garten nun doch noch für alle wahr wurde.

SCHICKSALS-GARTEN

Plötzlich hängt er am Tor der Kleingartenanlage in ihrer Straße, dieser Zettel. „Garten zu vergeben", steht darauf, Sabine reißt ihn für eine Bekannte ab. Kurz danach scheint etwas mit ihr zu passieren. Denn nun will sie selbst einen Garten! Sabine lässt sich auf die Warteliste des Vereins setzen, darf im April 2013 eine Parzelle anschauen. Die Beete? Völlig verwildert! Die Laube? Außen braun, innen Eicheneckbank, alles verkramt. Doch Sabine sieht nur die blühenden Bäume vor dem Häuschen – und was man aus all dem machen kann. Sie schafft sich ein Idyll im Schwedenstil, in dem sie Kraft und Trost findet.

SCHICKSALS-GARTEN Graz

EIN SITZPLATZ WIE AUF DEM LAND: FÜR DIE TERRASSE VOR DER LAUBE FAND SABINES MUTTER ALTE ZIEGELSTEINE AUF EINER BAUSTELLE UND IN ABBRUCHHÄUSERN. SABINE UND SOHN JAKOB VERTEILTEN VOR DEM VERLEGEN JE EINE SCHICHT GROBEN KIES UND SAND AUF DEM BODEN. EBNETEN BEIDE MIT EINEM BRETT UND ORDNETEN DIE STEINE IM HALBKREIS DARAUF AN.

Wenn ich eine Pause brauche, muss ich heute nicht mehr überlegen, was mir guttut. Ich setze Kaffee auf, fülle ihn in die Thermoskanne und gehe mit meinem Korb 200 Meter die Straße runter. Sobald ich das Tor der Kleingartenanlage aufschließe, betrete ich eine andere Welt. Dieses Vogelzwitschern! Diese saubere Luft! Dieser Friede!

Oft will ich hier nach Feierabend nur einen Kaffee trinken – und buddele stundenlang im Beet. Ich bin Schulassistentin, begleite autistische Kinder, das ist laut und trubelig. Im Garten fühle ich mich wie im Urlaub. An heißen Sommertagen ist es hier herrlich kühl. Wenn die Sonne durch die Fichten scheint und Eichhörnchen toben, vergesse ich den Stress der Stadt.

Verrückt, wie ich schwärme! Ich habe mich lange gegen einen Garten gewehrt. Als Kind fand ich es im Schrebergarten meiner Oma so langweilig, sie hat dort nur gearbeitet. Als mein Mann Hannes vor Jahren anfing, Selbstversorgerbücher zu kaufen, reagierte ich zurückhaltend. Bloß nicht noch mehr Arbeit! Dann, vor sieben Jahren, starb er bei einem Autounfall. Ich fiel in ein Loch. Wie sollte ich ohne Hannes weitermachen? Ich funktionierte, ging zur Arbeit, versorgte unser Kind, las, sucht Ruhe im Shiatsu. Doch den Sinn des Lebens musste ich mir erst neu erschließen. Was mir dazu fehlte, ahnte ich noch nicht. Bis das Schicksal die Sache in die Hand nahm.

Im Frühling 2013 hing in unserer Straße ein Zettel, auf dem stand, dass ein Pächter für einen Garten gesucht wird. Ich riss ihn für eine Bekannte ab. Mein Sohn Jakob, damals elf, fragte: „Warum wollen wir keinen Garten? Ich will auch grillen und Ball spielen." Er ließ nicht locker, also sah ich mir die Anlage mal an. Und ertappte mich dabei, wie sich zwischen 40 Gartenhäuschen ein wohliges Gefühl bei mir breitmachte. Ich ließ uns auf die Warteliste setzen. Wenige Monate später bekamen wir unseren Garten: 297 Quadratmeter groß, ohne Strom oder fließend Wasser in der Laube, mit allem Werkzeug – für 5000 Euro Ablöse und 310 Euro pro Jahr. Die Vorgänger hatten den Ort nur zum Grillen genutzt. Die

> „Mein Garten lässt mich das Leben neu spüren, er gibt mir Halt und Trost."

WASSERSTELLE

Für die Wasserstelle betonierte Sabine eine neue Zapfstelle ein. Anschließend legte die Grazerin einen Kreis von etwa 1,5 Meter Durchmesser drum herum frei und ein etwas größeres Unkrautvlies darauf. In die Mitte schüttete sie kleine Kieselsteine, den Rand beschwerte sie mit großen runden Steinen. Als Auffangbecken fand sie bei www.willhaben.at einen alten Kupferbottich.

14 QUADRATMETER SCHWEDEN: DIE WÄNDE HAT SABINE MIT OBI-BUNTLACK MATTWEISS GESTRICHEN. AUF DAS BETT („FJELLSE", IKEA), LEGTE SIE ÜBERWURF UND KISSEN IN GRÜN- UND BLAUTÖNEN (H&M HOME, DEPOT, IB LAURSEN) UND EINE GELBE WOLLDECKE. DER THONET-STUHL IST AUS EINEM SOZIALÖKONOMISCHEN BETRIEB, WO MAN GEBRAUCHTE MÖBEL GÜNSTIG BEKOMMT. DER TEPPICH STAMMT VON GUDRUN SJÖDÉN. DER WEISSE SCHRANK VON PAPA. WENN BEI REGEN DIE KERZEN BRENNEN, IST ES URGEMÜTLICH HIER.

SCHICKSALS-GARTEN Graz

IST DER PLATZ NOCH FREI?
Falls ja, würden wir diesen herrlichen Schaukelstuhl der schwedischen Interior-Designerin Lena Larsson fürs nächste Wochenende reservieren. Sabine fand ihn beim Anzeigenportal www.willhaben.at für nur 200 Euro *(sonst kosten die Teile gern mal 600 Euro!)* und stellte ihn unter den Apfelbaum.

SCHÖN VERWEGEN

Die rechtwinkeligen Beete vom Vorpächter gefielen Sabine nicht – viel zu eckig, viel zu steif! Deswegen erweiterte sie den Rand, stach die Grasnarbe mit dem Spaten im geschwungenen Bogen ab, um den Übergang weicher wirken zu lassen. Als Begrenzung legte sie Feldsteine, die sie beim Umgraben im Garten fand, auf den Beetrand. Zum Rasen hält sie eine kleine Rinne mit dem Kantenstecher frei, um das Mähen zu erleichtern. Und weil es so schön aussieht, hat sie gleich noch ein rundes Erdbeerbeet angebaut.

ERDBEER-TIRAMISU
Rezept auf Seite 202

GRÜN IST AUCH BUNT: DIESES SCHATTENBEET BEKOMMT KAUM SONNE AB. SABINE BEPFLANZTE ES MIT FUNKIEN, SCHNEEROSEN, ASTILBEN, FARN UND PURPURGLÖCKCHEN. DURCH DIE UNTERSCHIEDLICHEN GRÜNTÖNE WIRKT DIE ECKE INTERESSANTER.

SABINES DIY-TIPP

WINDLICHTER MIT LOCHMUSTER

Das brauchst du: Papier zum Vorzeichnen, leere Konservendose mit abgeweichtem Etikett, Malerkrepp, altes Geschirrtuch, Spitzbohrer, Hammer, Nagel, weißen Sprühlack, weißen Draht

1 Muster auf Papier vorzeichnen. Zeichnung mit Malerkrepp auf die Dose kleben.

3 Dose weiß ansprühen. Sabine macht dies in einem Umzugskarton, um die Umgebung vor der Sprühfarbe zu schützen.

2 Dose auf ein Tuch legen. Entlang der Linie per Spitzbohrer mit der Hand dem Muster folgend kleine Löcher durchs Papier in die Dosenwand drücken. Größere Löcher vorbohren und dann nageln.

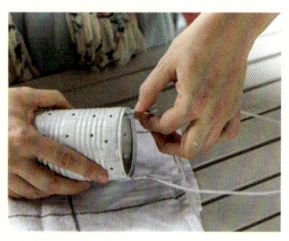

4 Für die Aufhängung den Nagel per Hammer links und rechts am oberen Rand der Dose einschlagen. Draht durch das entstandene Loch fädeln, an den Enden verdrehen und aufhängen.

Graz SCHICKSALS-GARTEN

SABINES SOS-TIPPS

Gegen Mehltau: Ich mische Wasser und Milch im Verhältnis 9:1 und besprühe die Pflanzen damit.

Gegen Schädlinge: Da hilft Kaffee. Den Kaffeesatz streue ich aufs Beet, Schnecken mögen ihn gar nicht. Bei Schildläusen kannst du die Pflanzen auch mit kaltem Kaffee besprühen.

Gegen Pilzbefall: Knoblauchzehen in die Erde stecken. Im Idealfall wachsen die auch gleich an und du kannst neuen Knoblauch ernten.

Gegen Blattläuse: Ich locke ihre Feinde an, die Ohrenkneifer. Dazu fülle ich einen Tontopf mit Stroh oder Holzwolle und hänge ihn eng an einen Ast in den Baum. Wichtig ist, dass die Ohrenkneifer, die gern darin nisten, einen Weg finden, um aus dem Topf auf die Pflanzen zu laufen. So gelangen sie zu den Blattläusen, die sie fressen sollen.

GUTE PFLEGE: DIE WEISSE FARBE IHRER LAUBE WIRKT AUCH IM FÜNFTEN JAHR NACH DEM ANSTRICH NOCH FRISCH. DIE BESITZERIN WISCHT JEDES FRÜHJAHR DEN SCHMUTZ DES WINTERS MIT EINEM NASSEN LAPPEN AB.

25 Jahre alte braune Laube mit Bauerneckbank und Plastikblumen war verkramt, der Garten verwildert. Doch ich sah nur den blühenden Kirschbaum. Ich hatte sofort zig Ideen, was man aus all dem machen könnte.

Im ersten Jahr strichen wir das Haus weiß, im zweiten legten wir Beete an, im dritten die Wasserstelle, im vierten die Terrasse. Als Schwedenfan wollte ich eine Laube im skandinavischen Stil. Wir stellten eine schwarze Anrichte, gebrauchte Stühle, einen weißen Schrank und ein Bett rein. Ich bin ganz verliebt, wie hübsch es nun aussieht. Und träume davon, dass es endlich regnet, damit ich mich hier mit Buch und Decke einkuscheln kann. Den Garten wollte ich weicher, fließender. Wir nahmen Wegplatten raus – es ist schöner, über die Wiese zu laufen. Mich packte das Pflanzfieber: Jetzt wachsen hier Tomaten, Kräuter, Paprika, Erdbeeren, Johannisbeeren, Stachelbeeren, Marillen, Birnen, Sauerkirschen, Äpfel ... Ich liebe es, im Vorbeigehen eine Himbeere zu naschen, fiebere jeder Ernte meines Marillenbäumchens entgegen, das von Jahr zu Jahr mehr trägt. Wenn ich in diese Früchte beiße und der süße Saft läuft in meinen Mund – unbezahlbar! Ich freue mich so daran, wie sich die Akelei elfengleich im Wind wiegt oder mein Spierstrauch wächst, den ich für 50 Cent kaufte.

Mein Garten hat mich viel gelehrt: Geduld, Zuversicht, Demut vor der Natur. Er lässt mich das Leben neu spüren, zeigt mir, dass auf die Natur Verlass ist. Die Pflanzen kommen jedes Frühjahr wieder, egal was passiert. Das gibt mir Halt und Trost. Wenn Jakob auf der Hollywoodschaukel liegt und ich in den Beeten zupfe, bin ich glücklich. Bestimmt schaut Hannes uns schmunzelnd von oben zu. Er hat mir immer mehr zugetraut als ich mir. Und viel Kraft dagelassen. Ein Teil steckt jetzt im Garten. Kein Wunder, dass ich so gern hier bin.

WER GÄRTNERT HIER?
GABRIELE HEISELER (53), BETRIEBSWIRTIN AUS DÜSSELDORF, KREATIV UNTER WWW.GABRIELEHEISELER.JIMDO.COM

GRAUZONE

Falls sie mal wieder etwas streichen will, braucht sie bei der Farbwahl nicht lang zu überlegen. Gabrieles Lieblingsfarbe ist nun mal: Grau! Es muss an ihrem Gespür fürs Detail liegen, dass ihre Gartenlaube dennoch kein Stück trist wirkt. Schon auf der Terrasse tanzen Sonnenstrahlen durch luftige Leinenvorhänge, auf dem Palettensofa schmiegen sich Kissen in Erdtönen aneinander. Wer hier Platz nimmt, fühlt sich wie im Foyer eines kleinen Hotels am Mittelmeer. Aber nicht wie im Schrebergarten mitten in Düsseldorf.

GRAUZONE Düsseldorf

GABRIELE LIEBT ES, FREUNDE IN IHREM GARTEN ZU BEWIRTEN. AUCH BEI DER TISCHDEKORATION BLEIBT SIE DANN IHREM FARBMOTTO TREU: DIE GRAUE LEINENDECKE, DIE SIE SEITLICH MIT KLIPPS GERAFFT HAT, PASST TOLL ZUM WEISSEN LÄUFER, DEM GRAUEN GESCHIRR UND IHREN KRISTALLGLAS-DOSEN.

OUTDOORKÜCHE
Hier könnte man stundenlang kochen! Das Spülbecken stammt vom Flohmarkt, das Gestell aus der Ladeneinrichtung einer Freundin, die Steinplatte darauf hat Gabriele als Restposten im Fliesenmarkt für 20 Euro ergattert.

AUFGESETZTER VON BROMBEEREN
Rezept auf Seite 201

Die ersten Möbel habe ich für meine Barbie-Puppen gebaut. Ich war sechs, andere Kinder spielten Vater-Mutter-Kind, ich bastelte Mini-Wohnungen aus Pappe zusammen. Ich konnte Stunden damit verbringen, mein Kinderzimmer umzuräumen, hatte immer neue Deko-Ideen. So träumte ich schon früh davon, Innenarchitektin zu werden. Doch als ich meiner Mutter davon erzählte, redete sie mir das aus, damit verdiene man doch kein Geld. Also wurde ich Betriebswirtin.

Die Leidenschaft fürs Einrichten aber blieb. Jahrelang habe ich Freunde beraten und unsere Wohnung gestaltet. Als alles fertig war, brauchte ich ein neues Projekt. Vor sieben Jahren kamen Schrebergärten gerade in Mode. Das war die Idee! Ich entdeckte eine Gartenanlage vier U-Bahn-Minuten von unserer Wohnung entfernt, sie bestand aus 50 Gärten. Ich ließ mich auf die Warteliste setzen, durfte ein Jahr später freie Gärten anschauen. Der vierte war es: 270 Quadratmeter in ruhiger Lage, stabile Laube von 1936, 4300 Euro Ablöse, 500 Euro Jahreskosten. Mein Mann Quassim und ich sagten zu. Im ersten Sommer war ich nur im Häuschen. Während andere erst mal ihren Garten schön machten, strich ich Holzwände weiß und meine Flohmarkt-Fundstücke grau. Meine Freunde lachten schon, aber ich liebe diese Farbe. Auch das Ziffernblatt der Uhr lackierte ich um. Selbst meine Gartengeräte wirkten in Grau gleich edler! Es erfüllte mich wie nichts anderes, wenn ich nach fünf Stunden im Büro etwas im Garten gestalten konnte.

Das Streichen weckte auch die Leidenschaft fürs Gärtnern. Die Pflanzen sollten ja zur Laube passen. Blumen in Gelb und Rot mussten gehen, ich pflanzte neue in Rosa und Weiß. In Youtube-Videos lernte ich, wie man Rasen vertikutiert oder Tomaten ausgeizt, indem man die Seitentriebe abknipst. Ich fragte Nachbarn, wie ich Hortensien schneide. Baute ein Hochbeet, setzte Auberginen und Mangold rein. Nie werde ich die Freude über meine erste Paprika vergessen. Inzwischen gibt es bei mir sogar eine Ecke der Hoffnung, wo ich hoffnungslose Kandidaten hinpflanze und viele sogar rette. Selbst ein Kompostseminar habe ich besucht. So langsam ent-

KUNST AM BAUM: IM KIRSCHBAUM HAT GABRIELE KLEINE BILDER UND GARTENSPRÜCHE IN RAHMEN AUFGEHÄNGT – EIN TOLLER HINGUCKER.

„Gartengeräte wirken in Grau gleich viel edler."

EDELSCHUPPEN

Sogar das Holzhäuschen ist eine Augenweide. Es ist grau-weiß gestreift gestrichen, mit Wimpelketten und Blümchen geschmückt. Dank eines Vorhangs lässt sich Gerümpel im hinteren Teil gut verstecken. Auf den hier nicht sichtbaren Boden kam ein PVC-Belag in Zementfliesenoptik.

wickele ich gärtnerische Gelassenheit. Wenn Unkraut wächst, ist das eben so. Ich erfreue mich einfach mehr an meinen Pfingstrosen oder dem Entenpaar, das unseren Teich besucht. Ich liebe die Verbundenheit mit der Erde und das Rascheln des Windes im Bambus. Wir feiern manchmal mit den Nachbarn. Dann stellen wir Tische und Stühle auf den Weg, jeder bringt was zu essen mit, und wir sitzen bis in die Nacht zusammen. Inzwischen liebt die ganze Familie den Garten: Nach der Arbeit genießt mein Mann es, dort zu lesen, zu meditieren oder mit Freunden Fußball zu gucken. Unser erwachsener Sohn chillt mit Kumpels bei einer Shisha-Pfeife in der Lounge. Und ich bin glücklich, wenn ich Freunde und Familie in unserer Outdoorküche bekoche.

Das schönste Gefühl aber habe ich am frühen Morgen, wenn Quassim noch schläft. Dann laufe ich mit dem ersten Kaffee barfuß durchs nasse Gras. Erfreue mich an dem Frieden und ertappe mich dabei, dass ich überlege, was ich hier als Nächstes umgestalten oder in Grau streichen könnte. Das ist wohl die Energie der Innenarchitektin in mir – die muss einfach raus.

GABRIELES DIY-TIPP

CLOCHE AUS DRAHT

Das brauchst du: 1 m Kaninchendraht, Seitenschneider, Acryllack in Hellgrau, Pinsel, Glascloche *(als Muster)*

1 Draht um die Cloche legen, bis sich beide Enden senkrecht noch leicht überlappen. Überschuss mit dem Seitenschneider entfernen.

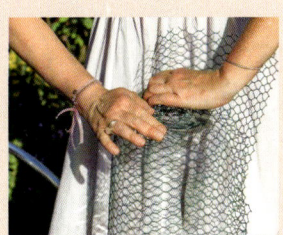

4 Nun den Draht eng um die Glascloche drücken, bis er deren Form annimmt. Glascloche wieder rausnehmen.

2 Die rausstehenden Drähte beider Seitenteile mit dem Seitenschneider ein- bis zweimal miteinander verzwirbeln und leicht flachdrücken.

5 Drahtcloche nun mit der Farbe anpinseln und trocknen lassen.

3 Höhe so einkürzen, dass der Draht das Ende der Glascloche nur noch leicht überragt.

TIPP
DIE CLOCHE KANNST DU ZUM SCHUTZ DEINER JUNGPFLANZEN VOR KANINCHEN VERWENDEN ODER EINFACH NUR ALS DEKO AUF DIE TERRASSE STELLEN.

GRAUZONE Düsseldorf

INS FOYER, BITTE
Für das Terrassensofa stapelte Gabriele zwei Reihen Europaletten übereinander, nagelte weiße Spanplatten davor und legte Matratzen drauf. Dank der Spannlaken und Kissen in Taupe, Beige, Grau und Weiß wurde eine Chill-Ecke draus. Das Bild von Gabriele, der Bodenbelag und umlackierte Stapeltische von Ikea machen die Gemütlichkeit perfekt. Wenn hier in lauen Sommernächten die Kerzen brennen und Melody Gardots „My One and Only Thrill" läuft, fühlt man sich wie im Urlaub.

WAS GABRIELE DIR RÄT

Habe Mut zum Entrümpeln. Was du nicht umgestalten kannst, wirf weg.

Überlege dir ein Farbkonzept. Damit bringst du mehr Ruhe in kleine Räume.

Dosiere die Deko. Stelle einzelne Stücke auf Bilderleisten oder ordne sie auf Silbertellern in Gruppen an. Aber immer wohldosiert, in der Laube muss es praktisch bleiben.

Mach es deinem Mann schön. Ein Fernseher, WLAN, Bücher und Sitzplätze für seine Freunde tragen dazu bei, dass auch er gern in den Garten kommt.

HIER WOHNT DIE GEMÜTLICHKEIT! SCHLAFRAUM UND KÜCHE SIND IN ZARTEN WEISS- UND GRAUTÖNEN GEHALTEN. KISSEN, KERZEN UND KRONLEUCHTER ZAUBERN ATMOSPHÄRE HINEIN.

WER GÄRTNERT HIER?
SANDRA KOCH (39), EVENTMANAGERIN AUS BIELEFELD, BLOGGT AUF WWW.BEETKULTUR.DE

TIKI-LAND

Ein heißer Sommernachmittag in Sandras Garten fühlt sich wie Verreisen an. Am Seerosenteich flirrt eine Libelle, im Radio läuft Surf-Musik, und an der Tiki-Bar riecht es so schön nach Zitrone und Minze, dass man sofort einen Drink will – einen, der nach Hawaii schmeckt! Mit dem Glas in der Hand geht die Reise im Häuschen der Eventmanagerin weiter, zurück in die 50er- und 60er-Jahre zwischen Cocktailsessel, Blumenhocker und einem grünen Sofa, auf dem es sich nach der Gartenarbeit herrlich entspannen lässt.

TIKI-LAND Bielefeld

DIE GARTENPFORTE IST FÜR SANDRA WIE EIN TOR ZU EINER BESSEREN WELT. KAUM HAT SIE DIESE NACH EINEM STRESSTAG DURCHSCHRITTEN, BREITEN SICH RUHE UND FRIEDEN IN IHR AUS. DAMIT IHR GARTEN ORDENTLICH, ABER NICHT SPIESSIG WIRKT, HAT SIE RINDENMULCH AUF DIE SEITENWEGE GESTREUT. SIEHT SUPER AUS – UND BREMST DAS UNKRAUT.

Eines Tages ist es uns aufgefallen. Dass wir immer, wenn wir aus dem Urlaub zurückkamen, den Blues schoben. Ich bin Eventmanagerin, Stefan selbstständiger Grafiker und Unternehmer, wir arbeiten viel, machen kaum mehr als zwölf Tage am Stück frei. Meistens fahren wir dann an die Ostsee, sind tagelang draußen und genießen die frische Luft. Doch sobald wir wieder in Bielefeld waren, erschien uns unsere Wohnung noch enger. Also gingen wir viel spazieren. Wir kamen an der Kleingartenanlage vorbei, die acht Minuten entfernt lag. Als ich mich dort 2014 in einen verwunschenen Garten verliebte, begann das Gefühlschaos. Wir hatten uns gegen Kinder oder Haustiere entschieden, um die wenige Freizeit zu zweit genießen zu können. Und jetzt ein Garten? Ich sah mich noch mehr arbeiten. Stefan schreckte die Vereinsidee ab, für ihn der Tod seiner inneren Punk-Haltung. Wir haben den Gedanken auf Eis gelegt. Und noch einen Sommer gelitten. 2015 streiften wir wieder durch die Anlage. Im Schaukasten waren sieben freie Parzellen aufgelistet, darunter Nummer 96. Ach, einfach nur mal gucken! Als ich vom Weg aus die Hollywoodschaukel sah, hüpfte mein Herz. So sehr, dass ich nicht mehr bemerkte, wie viel Unkraut auf den 204 Quadratmetern wucherte. Ich ging zum Bewerbungsgespräch. Als der Vorstand fragte, wie ernst es mir sei, kündigte ich an, mindestens zehn Stunden pro Woche plus das Wochenende hier sein zu wollen. Ich durfte die Parzelle an meinem Geburtstag übernehmen. Mein schönstes Geschenk. Mich störte nicht mal, dass gleich Vereinsarbeit anstand.

Ich lernte schnell die Vorzüge eines Gartens kennen. Sobald der Feierabend näher rückte, breitete sich Vorfreude in mir aus. Wenn ich durch die Pforte ging, fiel aller Stress von mir ab. Anfangs haben wir noch Beete verkleinert, damit nicht so viel zu tun ist. Wenig später bauten wir freiwillig Hochbeete und ein Gewächshaus. Es gibt nichts Tolleres, als die erste Blüte an meiner Gurke zu entdecken oder auf der Terrasse eigenen Spinat zu kochen. Stefan sagte neulich, er habe mich noch nie so selbstvergessen erlebt wie im Garten. Ich kann dabei total entspannen, vergesse sogar mein Handy. Klar

„Hier vergesse ich sogar mein Handy."

FUNTIKI ZUM MIXEN
Rezept auf Seite 206

♪

PLAYLIST FÜR DIE TIKI-BAR*

Kenny Sasaki & The Tiki Boys
„At the Tiki Bar"
Koop
„Waltz for koop"
Glenn Miller
„Don't sit under the apple tree"
Heptones
„Sea of love"
Big Rude Jake
„Speak easy"
Stan Getz & Astrud Gilberto
„Girl from Ipanema"

*zu finden bei Spotify.

KLEIN-HAWAII
An der Tiki-Bar mit den Bambushockern *(von Butlers, 249 Euro)* trinken Sandra und Stefan nach Feierabend gern einen Sundowner. Die Fischereilampen, alle Ostsee-Treibgut oder Fundstücke von TKmaxx, sorgen für schönes Licht. Die nachgemachten „Acapulco Chairs" hat Sandra bei Tedi für 50 *(statt im Original für 249)* Euro bekommen.

TIKI-LAND Bielefeld

WIE BEI „MAD MAN"

Die Laube von Sandra und Stefan sieht aus wie ihre Wohnung: Voll im 50er-Look! Dafür verlegte Stefan zuerst unterm Sitzbereich PVC in Holzdielenoptik, damit es gemütlicher wird. Darauf kamen ein grünes Plüschsofa und der Cocktailsessel vom Flohmarkt, dazu Original-String-Regale, Blumentöpfe, Hocker. Viele kleine Bilder, Vasen oder anderer Nippes machen den Mid-Century-Stil komplett.

SHOPPING-TIPPS FÜR 50ER-JAHRE-FANS

www.thejukin50s.club in Verl
(Oldtimer-Treff mit Musikboxen-festival und Händlermeile)

Raritätenbörse in Essen
(alte Automaten, Schilder, Designklassiker)

Stadtflohmarkt in Münster
(Möbel und Accessoires)

SANDRAS DIY-TIPP

DRINK-DEKO

Das brauchst du: Kartonpapier in bunten Farben, großes Schnapsglas, Stift, Schere, Klebestift, Büroklammern, Zahnstocher, Obst für den Glasrand, Stanzer, Lochzange, Papierstrohhalme

1 Für die Schirme zunächst das Glas verkehrt herum auf das Papier stellen und mit dem Stift den Umriss umzeichnen. Ausschneiden.

4 Zahnstocher in die Schirmspitze bohren, sodass er höchstens 1 mm herausragt. Das untere Ende des Zahnstochers in ein Stück Obst (z. B. Erdbeere) pieken, das du auf den Glasrand steckst.

2 Ein kleines „Tortenstück" aus diesem Kreis bis zur Mitte herausschneiden.

5 Für Namensschildchen der Gäste aus anderem Papier Wolken ausstanzen, am Rand lochen, Vornamen draufschreiben, auf einen Trinkhalm fädeln und ins Glas stecken.

3 Ränder übereinanderlegen, die obere Seite etwa 1 cm breit von unten mit dem Klebestift einstreichen und auf die untere Seite drücken. Zum Trocknen mit der Büroklammer fixieren.

TIPP

DIESE DRINK-DEKO WIRKT BESONDERS HARMONISCH, WENN DU DAS KARTONPAPIER FÜR SCHIRM UND NAMENSSCHILD IN ZWEI FARBEN WÄHLST, DIE ZUEINANDER PASSEN.

VERPFLEGUNG FÜR GRÜNE UNTERMIETER

In ihren Hochbeeten pflanzt Sandra alles an, was sie gern isst: Brokkoli, Radieschen und Kohlrabi. Damit die Pflanzen sich so prächtig wie hier auf dem Bild entwickeln, mischt sie unter die Erde gern Kompost, den sie aus Grünabfällen gewinnt. Und kommt im Sommer fast täglich zum Gießen.

VOR DER LAUBE HAT SANDRAS FREUND STEFAN AUS BRETTERN BEETEINFASSUNGEN GEBAUT. SIE SETZEN BLUMEN UND KRÄUTER TOLL IN SZENE: ROSEN, COSMEEN UND MARGERITEN STEHEN NEBEN PETERSILIE UND BLÜHENDEM SCHNITTLAUCH UND SEHEN ZUSAMMEN ALLERLIEBST AUS.

macht ein Schrebergarten Arbeit, aber es kommt drauf an, wie du die bewertest. Ich habe sogar Lust, die Social-Media-Arbeit des Vereins zu übernehmen. Das Gemeinschaftsding gefällt mir, wir grillen zusammen, tauschen Tipps. So ein Garten ist ein großer Gleichmacher, hier spielt die Politik oder dein Job keine Rolle. Hier sind alle nur Gärtner, die sich helfen. Das gibt mir den Glauben an die Menschen zurück, den man im Job leicht verliert. Wir sind riesige 50er- und 60er-Jahre-Fans. Deswegen wollten wir unsere Laube im Mid-Century-Stil einrichten. Endlich hatten wir wieder einen Grund für Flohmarktbesuche. Die tollste Anschaffung aber war unsere Tiki-Bar. Hawaii ist ja für die Amerikaner in den Fünfzigern das Traumziel gewesen. Für uns wurde es das jetzt auch! Wir holten im Baumarkt Bambusmatten, kauften Ananaskissen und feierten wenig später die erste Geburtstagsparty mit Erdbeerbowle. Da überlegten schon die ersten Freunde, ob sie nicht auch einen Garten brauchen …

Manchmal mixen wir uns hier nach der Arbeit einen Gin Tonic. Dann sitzen wir auf der Schaukel, der Frosch quakt, und wir fragen uns, was wir gemacht haben, als wir noch keinen Garten hatten. Wir sind längst mehr als zehn Stunden pro Woche hier, es fühlt sich immer an wie Urlaub. Dieser Blues, wenn die Ferien vorbei sind, ist verschwunden. Letztes Jahr kamen wir sogar zwei Tage eher von der Ostsee zurück. Wir hatten Sehnsucht nach dem Garten.

WER GÄRTNERT HIER?
JULIANE FRANKE (41),
ÖKOTROPHOLOGIN AUS
MAGDEBURG

FRAU PÜNKTCHEN

Als ihr erster Kleingarten an der Saale vor fünf
Jahren von der Flut weggespült wurde, saß der Schmerz
tief. Aber Jule lässt sich nicht so schnell unterkriegen.
Nach ihrem Umzug nach Magdeburg wagte sie den
Neuanfang. Seit drei Jahren lebt sie nun auf ihrer neuen
Parzelle wieder ihre Leidenschaft aus: fürs Pflanzen,
fürs Streichen und fürs Dekorieren. Ist doch klar, dass
rot-weiße Pünktchen dabei nicht fehlen dürfen – wo
Erdbeeren doch Julchens Schönstes sind.

FRAU PÜNKTCHEN Magdeburg

FRAU PÜNKTCHEN BEI DER ERNTE. IHRE ERDBEEREN HAT JULIANE IN DIE ERDE GESETZT, OHNE NOCH STROH UM DIE EINZELNEN PFLANZEN ZU VERTEILEN. „BEI MIR WACHSEN SIE GLÜCKLICHERWEISE HOCH GENUG, SODASS DIE FRÜCHTE NICHT AUF DEM NASSEN BODEN FAULEN KÖNNEN. WER KLEINERE PFLANZEN HAT, SOLLTE SIE LIEBER VOR FEUCHTIGKEIT SCHÜTZEN."

Fünf Jahre ist es her. Ich hatte gerade 16 Reihen Erdbeeren vom Unkraut befreit. Endlich sah mein Garten in Bernburg wieder anständig aus. Minuten später kam das Wasser. Der Regen hatte die Saale anschwellen lassen, sie trat über das Flussufer, überschwemmte die ganze Gartensparte. Es dauerte fünf Wochen, bis sich das Wasser zurückzog. Mein Garten glich danach einer Schlammwüste. Ich versuchte mit einer Freundin, die Möbel aus der Laube für den Neuanfang zu retten – und bekam einen Bandscheibenvorfall. Da gab ich auf und viele mit mir. Die Anlage wurde geschlossen.

Der Verlust tat lange weh. Als ich mit meinen drei Kindern 2015 nach Magdeburg zog, hatte meine Schwiegermutter eine Überraschung. Sie führte mich zu einem Beet in ihrem Garten und sagte, das könne ich bepflanzen. So lieb! Doch ich hätte heulen können. Denn ich spürte: Ich will wieder einen eigenen Garten, einen Zufluchtsort für die Nachmittage. Ich hatte Glück. In der gleichen Anlage gab es 100 Parzellen, drei waren frei, am nächsten Tag konnte ich eine übernehmen – ohne Ablöse, für 150 Euro im Jahr. Am Anfang sah ich auf den 475 Quadratmetern vor Unkraut keine Rose. Dabei wuchsen hier, wie sich später rausstellte, 32 Stück. In der Laube stand noch schmutziges Geschirr in der Schüssel, an der Wand hing die Kittelschürze der Oma, die vor mir hier war. Ich behielt die alte Chaiselongue, den Kühlschrank, das Küchenbuffet, ein paar Gläser. Und wusste sofort: Das Zimmer links würde meine Küche werden und das Haus hellgrün mit weißen Fensterrahmen, so, wie ich es in einer Wohnzeitschrift sah. Aber erst wollte ich den Garten herrichten. Im ersten Sommer riss ich Unkraut raus, setzte Bohnen – und pflanzte endlich wieder Erdbeeren.

Dann kam die Laube dran. Mein Mann ist ein toller Handwerker, aber ich mache die Dinge von jeher auch gern allein, zumal ich sehr ungeduldig bin. Im Zusammenleben macht man ja schon genug Stil-Kompromisse, das kleine Haus konnte ich nur nach meinem Geschmack gestalten. Die Blümchentapete blieb an der Wand, den Schrank strich ich weiß, dazu nähte ich

ERDBEER-
MINZ-SIRUP
Rezept auf Seite 202

„Essen aus
dem Garten schmeckt
einfach besser."

ES MÜSSEN NICHT IMMER BLUMEN SEIN
In dieser alten Wanne aus Zink hat Juliane Eichblattsalat ausgesät, der üppig wuchert. Mit der alten Leiter oder dem Waschbrett dahinter und einem Henkeltopf, der neben der Keramikkugel auf einem Holzstab in der Erde steckt, wurde die gesamte Ecke zu einem hübschen Stillleben.

TRICKREICH: TOMATEN STEHEN GERN IM EIGENEN MIST. DESWEGEN PFLÜCKT JULIANE IMMER EIN PAAR DER UNTEREN BLÄTTER AB UND LEGT SIE AUF DIE ERDE RUND UM DEN STIEL. DEN TOPF DES SETZLINGS GRÄBT SIE NEBEN DER PFLANZE EIN UND SCHÜTTET DORT DAS GIESSWASSER REIN. SO BLEIBT DIE TOMATE TROCKENER, UND DAS WASSER SICKERT SPRITZFREI IN DIE ERDE.

FRAU PÜNKTCHEN Magdeburg

KUSCHELECKE
Die Kissen hat Jule selbst genäht. Die Stoffe, meist von der norwegischen Designerin Tilda, fand sie bei Buttinette oder Dawanda. Aus den Resten nähte sie die Früchte auf dem Tisch (Vorlage im Buch „Mit Tilda durchs Jahr").

EINIGE FLOHMARKT-MÖBEL LIESS JULIANE UNBEHANDELT. ANDERE HAT SIE MIT ACRYLFARBE AUF WASSERBASIS GESTRICHEN. DIE SIEHT AUS WIE KREIDEFARBE, IST ABER DEUTLICH GÜNSTIGER.

DIE ALTE SCHEUNENWAND, EIN FUND AUS DEM GARTEN, STEHT ALS SICHTSCHUTZ AN DER LAUBE. SIE IST GESCHMÜCKT MIT KRÄNZEN, KRÜGEN UND VOGELHÄUSCHEN.

52

JULIANES DIY-TIPP

Das brauchst du: zugeschnittene Aststücke mit verschiedenen Durchmessern (z.B. vom Baumschnitt), Bohrmaschine, Bohrer in verschiedenen Größen, Rinde, Zapfen, Moos, alte Schublade, Tacker, Kaninchendraht

INSEKTENHOTEL

TIPP

ALS AUFHÄNGUNG KANNST DU VOR DER BEFÜLLUNG ZWEI SCHRAUBEN IN DIE UNTERSEITE DER SCHUBLADE DREHEN, DIE DU LEICHT RAUSGUCKEN LÄSST. KNOTE EINE SCHNUR DARAN UND HÄNGE DAS INSEKTENHOTEL AN EINEM WANDNAGEL AUF.

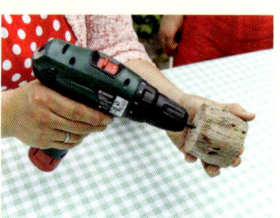

1 In die Aststücke einige Löcher in verschiedenen Größen bohren.

2 Die Schublade mit den Aststücken, der Rinde, den Zapfen und dem Moos so befüllen, dass alles ganz eng sitzt und auch später hält, wenn man die Schublade aufrichtet.

3 Kaninchendraht in der Größe der Schublade zuschneiden, auf der Oberseite seitlich am Rahmen festtackern. Nun kannst du dein Insektenhotel aufhängen.

NEUER JOB FÜR …

… die Obstkiste: Die bepflanzte Jule mit frischen Kräutern und stellte nostalgische Gartenzwerge rein – so niedlich!

… die Zinkwanne: Das gute Teil vom Sperrmüll fängt Regenwasser auf und dient als Ablage für ein Brett, auf dem Blumentöpfe stehen.

… den Nähmaschinentisch: Auf die Platte kam buntes Wachstuch, darauf eine Emailleschüssel, fertig war der Waschtisch.

… den Tischläufer: Jule peppte damit den alten Liegestuhl auf, indem sie den Stoff abtrennte und den Läufer am Holz festtackerte.

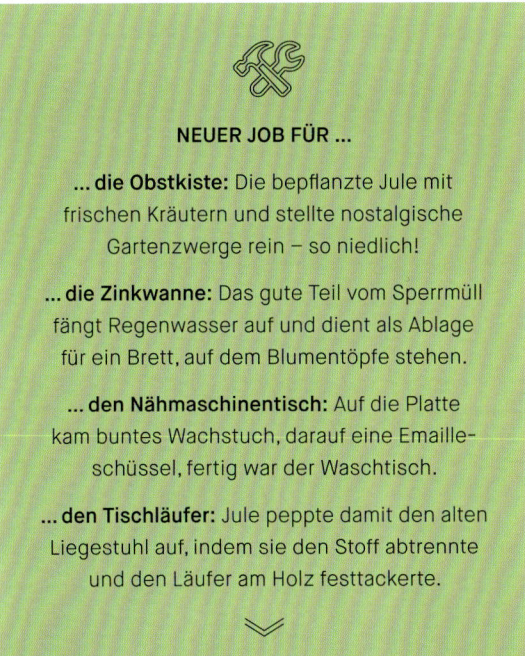

AB INS GRÜNE: DIE LAUBE, EIN STEINHAUS ANNO 1969 OHNE WASSER UND STROM, HATTE ANFANGS ROTE FENSTER UND TÜREN. DAS GEFIEL JULE NICHT BESONDERS. SEIT SIE UND IHRE TÖCHTER DIE WÄNDE MIT FASSADENFARBE IN MINT GESTRICHEN HABEN, IST DAS GANZ ANDERS.

Kissen. Bei E-Bbay-Kleinanzeigen fand ich Tische und Schränkchen. Und ich kaufte passend zu meinem geliebten roten Pünktchenbecher Decken, Gabeln und einen Schirm dazu. Ich liebe dieses Muster, es steht für den Sommer und die Erdbeerzeit.

Ich war fleißig. Und so hat es mich sehr geärgert, als ein Gartennachbar über den Zaun rief: „Na, Sie sind ja noch nicht so weit." Sonst aber finde ich das Vereinsleben gar nicht spießig. Unser Vorstand will nur, dass man was anbaut. Bei uns sind das Erbsen und Möhren zum Naschen und fürs Kindheitsgefühl, Bohnen, Paprika, Tomaten … Essen aus dem Garten schmeckt einfach besser. Ich liebe es, unsere Zucchini mit Hack und Feta zu füllen und mit Pellkartoffeln zu essen. Da wir die Vereinshecke pflegen, sind wir von Gemeinschaftsarbeit befreit. Längst ist die ganze Familie glücklich hier: Mein Mann gießt gern, schneidet die Hecke oder liest, die Kinder nutzen das Planschbecken und die Schaukel.

Aber ich bin auch gern allein da, selbst im Winter. Dann schaue ich nach meinen Pflanzen, trinke am Küchenfenster Blueberry-Tee aus der Thermoskanne, fahre zufriedener wieder heim. Und im Sommer bin ich eh jeden Tag hier, gucke, ob die Rosen knospen oder der Kohlrabi wächst. Manchmal sitze ich auch nur auf der Bank und höre den Piepmätzen zu. Im Garten kann ich den Alltag hinter mir lassen und die Hausarbeit, die daheim auf mich wartet.

Abends bin ich jedes Mal traurig, wenn ich heim muss. Aber zum Glück ist das Wasser diesmal weit weg. Und ich weiß ja: Morgen kann ich wiederkommen.

WER GÄRTNERT HIER?
ELISA MÄRKEL (27),
CONTROLLERIN AUS
LEIPZIG, BLOGGT AUF
WWW.RIENMAKAEFER.COM

RHABARBER-GIRL

Sobald es um ihren Garten geht, vertraut Elisa ihrem Lieblingsmotto: „Selbst ist das Lieschen." Ihr Freund war nämlich anfangs nicht so überzeugt von der Kleingartenidee – und da hat sie eben allein ihre Laube renoviert, tonnenschwere Thujahecken ausgegraben und Beete angelegt. Heute ist sie eine Expertin für die Mischkultur, trägt kiloweise Bio-Gemüse aus ihrem Garten – und bloggt darüber, was sie dabei lernt. Gar nicht schlecht für eine, die noch vor zehn Jahren glaubte, dass Radieschen im Zehnerbund in der Erde wachsen.

RHABARBER-GIRL Leipzig

WENN MAN NUR 173 QUADRATMETER HAT, MUSS MAN SEINEN GARTEN GUT STRUKTURIEREN. BEI ELISA BEFINDEN SICH IM VORDEREN TEIL DIE OBSTBÄUME UND GEMÜSEBEETE. IM HINTEREN TEIL HAT SIE SICH EINE TERRASSE UND EINE FEUERSTELLE GESCHAFFEN, WO SIE NACH DER ARBEIT ENTSPANNT.

FRÖHLICH BUNT

Als Elisa die Laube übernahm, stand diese voll mit hässlichen blauen Stühlen, alten Möbeln, Styroporplatten, Eisenstangen, Besenstielen, Farbtöpfen ... Sie behielt nur Sideboard und Sofa, kaufte die Günstigvariante der „Acapulco Chairs" in Türkis *(80 Euro, Porta)*. Passend zu ihnen wählte Elisa eine Streifentapete für die Wand gegenüber und strich die Bilderrahmen an. Auf den Boden kam graues PVC. „So kann man auch mal mit Dreckschuhen rein."

RHABARBER-MOUSSE
Rezept auf Seite 198

Als ich anfing, Jörg von meiner Sehnsucht nach einem Kleingarten zu erzählen, haben wir uns erst mal gezofft. Mein Freund hatte nur Schlechtes gehört, von Vereinszwängen oder abzockenden Vorpächtern, er versuchte alles, um mich von der Idee abzuhalten. Aber ich blieb stur. Ich bin ländlich aufgewachsen, ich brauche frische Luft. Wir konnten nicht an jedem freien Tag zu unseren Eltern fahren oder uns auf ein Handtuch in den Stadtpark quetschen. Ich wollte ein Eckchen nur für uns, wo ich mit nackten Füßen über die Wiese laufe, wo wir draußen sitzen konnten. Also packte ich die Sache im August 2016 selbst an. Ich schaute Kleinanzeigen durch, fragte bei Vereinen und träumte von einem wilden Garten mit alten Bäumen – und von Rhabarber. Fünf Minuten von meiner Wohnung entfernt gab es eine Anlage, der dritte freie Garten gefiel mir. Ich konnte ihn vier Tage später für 100 Euro Ablöse und 150 Euro pro Jahr inklusive Wasser und Strom übernehmen. Auf den 173 Quadratmetern herrschte Chaos, aber das spornte mich an.

Das erste Dreivierteljahr war ich allein hier. Es war hart, doch mir half mein Motto: „Selbst ist das Lieschen." Ich habe eine riesige Thujahecke abgeholzt, die den Garten verschandelte, eine halbe Tonne Grünabfall im Sprinter zum Wertstoffhof gebracht, die Laube, ein typischer DDR-Bau aus Pressholzpappe, entmüllt und renoviert. Da gingen einige Tausender drauf. Allein das neue Dach kostete 700 Euro. Im Sommer 2016 grub ich endlich die Beete um.

Bis vor zehn Jahren dachte ich ja, dass Radieschen als Bund wachsen. Nun las ich freiwillig, wie es wirklich ist, wie Mischkulturen funktionieren, warum Kompost so toll für Pflanzen ist. Und ich baute an: Kartoffeln, Gurken, Erbsen, Tomaten, Sellerie, Paprika, Mangold, Bohnen, Kohlrabi, Salat, Spinat, Wurzelpetersilie, Pastinaken, Möhren – und Grünkohl, den ich jetzt einfriere, um mir daraus öfter mal einen Smoothie mit Banane und Mango zu mixen. Ich koche auch Apfelmus oder Kirschmarmelade. Und ich liebe mein eigenes Rhabarberkompott. Eigentlich müsste mein Vorstand zufrieden sein. Trotzdem bin ich schon dreimal auf der schwarzen

RHABARBER-GIRL Leipzig

ASTHOLZ-SCHLÜSSELBORD: DAFÜR SCHRAUBTE ELISA VIER LATTEN WIE ZUM BILDERRAHMEN ZUSAMMEN UND STRICH SIE FARBIG. IN DER TROCKENZEIT SÄGTE SIE ASTSTÜCKE MIT KLEINEN GABELUNGEN ZU, DIE HAT SIE MIT DEM UNTEREN RAND DES BILDERRAHMENS VERSCHRAUBT.

„Wenn ich Pflanzen holen will, kaufe ich immer zu viele. Es macht einfach zu viel Spaß."

Liste gelandet, weil mein Unkraut oder die Hecke zu hoch waren. Neulich fragte eine Gartennachbarin: „Aber die Rasenkantensteine machen sie noch, oder?" Da habe ich gelacht, mir gefallen sie mit Moos viel besser! Ich will keinen Spießergarten, auch keine altklugen Tipps am Zaun. Dabei werde ich selbst spießiger: Neulich fiel mir auf, dass meine Beete so rechteckig wie Excel-Sheets aussehen – typisch Controllerin. Wenn ich in den Urlaub fahre, nerve ich meinen Bruder, damit er auch ja jeden Tag gießt. Ich kann stundenlang auf der Terrasse sitzen und schauen, wer vorbeigeht. Und manchmal würde ich Gärtnern, deren Tomaten kein Schutzdach haben, gern von Braunfäule erzählen und Tipps geben, damit sie gut wachsen. Um meine Erlebnisse mit anderen Schrebergartenneulingen zu teilen, habe ich aber lieber einen Blog gestartet. Da zeige ich Upcycling-Ideen, poste Erntefotos, und wenn ich nicht weiß, wie die gelbe Blume neben der Laube heißt, frage ich meine Follower. Der Blog hilft mir, Projekte schneller umzusetzen und dranzubleiben.

Es ist toll. Seit ich schon morgens im Garten gieße, starte ich viel frischer im Büro. Abends komme ich schneller runter. Sonntagabend fühle ich mich nicht mehr, als ob ich kein Wochenende hatte. Und Jörg? Dem geht's längst genauso. Als der Garten immer schöner wurde, fragte er plötzlich, ob wir mal grillen. Seitdem mäht er freiwillig Rasen oder schaut mit mir stundenlang in die Feuerschale. Neulich hat er gesagt: „Ist ja doch gut, dass wir den Garten haben." Da musste ich grinsen – über das wir.

SCHLAU, DIE FRAU
Für dieses Hängewerk ließ sich unser Garden Girl von einem Dachdecker drei Dachrinnenstücke beidseitig zulöten. Sie bohrte links und rechts Löcher hinein, fädelte Taue durch, die sie unter jeder Rinne verknotete. Die Stricke wurden mit Haken am Terrassensichtschutz aufgehangen. In die Dachrinnen kamen Erde – und dann Kräuter, die jetzt von dort aus herrlich duften.

ELISAS DIY-TIPP

STÖCKELATERNE

Das brauchst du: Stöcke aus dem Wald, Tontopf, Heißklebepistole, 1,2 m Sisalseile, japanische Säge, großes Teelicht

1 Die Stöcke etwa auf die dreifache Länge des Tontopfes bringen. Dafür einfach per Hand durchbrechen.

2 Nun je einen Stock nehmen. Den Punkt suchen, wo er sich in der Biegung gut an den Topf legen lässt – an dieser Stelle großzügig mit Heißkleber bestreichen. Topf und Stock zusammendrücken. Mit den übrigen Stöcken so fortfahren.

3 Zwischendurch immer das untere Ende einiger Stöcke nahe des Topfbodens kürzen. Am besten geht dies an der Tischkante, so sägst du nicht versehentlich in die Platte. Am Ende noch mal eventuelle Überstände angleichen, damit die Laterne später nicht zu kippelig steht.

4 Seil am Boden anlegen, Anfang mit Heißkleber einstreichen, an die Stöcke drücken, antrocknen lassen. Seil aufwärts hochwickeln. Ende am Holz festkleben. Teelicht in den Topf stellen und anzünden.

TIPP

GELD GESPART! EINE SOLCHE STÖCKELATERNE HATTE ELISA IM INTERNET FÜR 70 EURO ENTDECKT. „DAS KRIEG ICH GÜNSTIGER HIN", DACHTE SIE, HOLTE HOLZ AUS DEM WALD UND LEGTE LOS. AM ENDE HAT SIE FÜR IHR DIY-PRODUKT NICHT MAL 5 EURO BEZAHLT UND NOCH SPASS GEHABT.

RHABARBER-GIRL Leipzig

SQUARE FOOT GARDENING

Für ihr Quadratbeet kaufte Elisa vier Bastelhölzer *(die sind günstiger und eleganter als normale Leisten)*. Damit unterteilte sie ihr 1-x-1-Meter-Beet in neun gleich große Quadrate und tackerte die Hölzer aufeinander fest. In die Vierecke pflanzte sie Gemüsesorten, die sich gut vertragen: Salat, Rucola, Brokkoli oder Spinat. Der Vorteil? „Durch die Abgrenzung traut man sich, dichter zu pflanzen als im normalen Beet, und trotzdem haben die Pflanzen optimal Platz, um sich zu entwickeln. So nutze ich die Größe des Beetes besser aus. Und habe viele verschiedene Sorten im Beet, optimal für meinen kleinen Garten."

ERDBEER-AMPEL

Drei Henkeleimer, zwei Metallketten und zwei Haken – mit so wenig baute sich die 27-Jährige eine Hängekonstruktion für zwei Töpfe ihrer Lieblingsbeeren. Diese ist am Laubendach befestigt.

NEULING IM KRÄUTERGARTEN: OLIVENKRAUT. ES SCHMECKT, WIE DER NAME VERMUTEN LÄSST – UND AM BESTEN MIT KRÄUTERQUARK AUF BUTTERBROT.

WER GÄRTNERT HIER?
ESTHER DINTER (41),
INDUSTRIEDESIGNERIN
AUS HANNOVER, KREATIV AUF
HTTPS://DINTER.DESIGN

GUT GRÜN

⌄

Als Esther im Sommer 2010 ins Vereinsleben
ihrer Kleingartenanlage eintrat, musste sie von ihren
Zaunnachbarn drei Dinge lernen. Erstens:
Die Hecke hat Ohren. Zweitens: Bei Vereinssitzungen
trinken Frauen Kaffee – kein Bier. Und drittens
erfuhr Esther, dass es nur eine richtige Art gibt, wie sie
einem anderen Schrebergärtner auf den Gruß
„Kleingärtner vereinigt euch" antwortet.

GUT GRÜN Hannover

DAS SIDEBOARD RECHTS PEPPTE ESTHER AUF, INDEM SIE ZWEI BOHLEN AUS DEM BAUMARKT DARAUFLEGTE UND SO BEFESTIGTE, DASS DIESE VERSETZT ENDEN. SOFA UND SESSEL STAMMEN VON IHRER OMI, DIE 70ER-TISCHE VON EBAY, DIE BILDER AUF DEM SIDEBOARD HAT IHR EINE FREUNDIN GESCHENKT. DIE WEISSE LEITER FÜHRT INS SCHLAFDACH.

Wahrscheinlich bin ich am Anfang zu oft mit der Schubkarre rumgerannt. Eines Tages rief mein Nachbar Walter: „Esther, du bist ja gar keine richtige Gärtnerin, du bist eine Bauarbeiterin!" Wir haben gelacht, und als ich meinen Garten einmal mit hochhackigen Schuhen mähte, witzelte er: „Wie praktisch, du vertikutierst gleich mit." Wir haben uns super verstanden, und als er starb, durfte ich mir als Andenken seine Urkunde vom dritten Platz eines Kürbiswettbewerbs mitnehmen.

Die steht seitdem auf unserem Küchenschrank. Ich bin bei Göttingen aufgewachsen, im letzten Dorf vor der Grenze. Meine Eltern hatten einen riesigen Gemüsegarten. Die Arbeit in der Erde, die Luft, das Vogelgezwitscher fehlten mir, als ich in die Stadt zog, in eine Wohnung ohne Balkon. Meine Vermieterin erzählte mir dann vor acht Jahren von zwei freien Gärten in ihrer Anlage. Als ich den ersten sah, 327 Quadratmeter groß mit einem Steinhaus vom Typ Schwarzwald anno 1966, wusste ich schon: Der ist es! Und: Das wird viel Arbeit – sehr schön! Die Laube war größtenteils ein Werkzeugschuppen und ziemlich verbaut, ich habe sie mit Freunden entrümpelt, die halbe Decke fürs Schlafdach entfernt, zig Kofferräume voller Gartenzwerge weggeschafft. Was ich vom Geschirr nicht wollte, stellte ich im Karton zum Verschenken an den Weg. Die Blümchentapete habe ich entfernt, es kam weiße Farbe an die Wände, ein robuster PVC-Boden rein, dazu das grüne Plüschsofa meiner Oma, ein Sideboard aus meinem alten Laden und ein paar Ebay-Funde. Im ersten Frühling ging ich bestimmt 30-mal in den Baumarkt, um frische Blumen für die Töpfe zu kaufen, das brauchte ich für den Start.

Vor dem Spießertum, das viele beklagen, hatte ich nie Angst. Obwohl hier sogar Leute notieren, wie oft der Nachbar seinen Rasen mäht. Wenn ich sehe, wie viel Spaß ich selbst an kurzem Rasen habe oder dass ich keinen Kaffee trinken kann, bevor das Unkraut weg ist, würde ich sagen: Ich bin selber spießig. Sogar Gemeinschaftsarbeit mag ich. Auch wenn ich manchmal so doofe Dinge machen muss wie bei Regen Container mit

„Was ist schon spießig? Ich liebe es doch selbst, wenn der Rasen kurz ist!"

BUNTER GURKENSALAT
Rezept auf Seite 201

ESTHERS ANTI-ÄRGER-TIPP

„Wenn in einem Beet nichts kommt, wird es bei mir halt Rasen. Wächst ein Gemüse nicht, versuche ich im nächsten Jahr ein anderes. Ich muss gar nicht alles in meinem Garten beheimaten, das macht doch nur Stress."

BLAUE ECKE
Der Outdoorteppich *(Impressionen)*, die Buchstaben *(Secondhand)* und die Papierleuchten *(Ikea)* brachten Leben vor die Bude. Eine Superinvestition war der leistungsstarke B&O-Play-Bluetooth-Lautsprecher *(Bang & Olufsen)*, der am Fenstergitter hängt.

> UND ES WERDE NACHT: UNSER GARDEN GIRL UMWICKELTE HULAREIFEN MIT SOLARLICHTERKETTEN UND HÄNGTE SIE IN DEN BAUM. BEI DUNKELHEIT EIN IRRER EFFEKT.

ESTHERS DIY-TIPP

Das brauchst du: Spitzen- oder Häkeldeckchen *(Durchmesser etwa 30 cm)*, Bastelring für Traumfänger *(Durchmesser 35 cm)*, weißes stärkeres Garn, rund 20 weiße Holzperlen, Satinband *(z.B. in Weiß, Grau, Mint)*, Zackenlitze oder Spitzenband in Türkis, bunte Federn *(z.B. in Weiß, Grau und Türkis oder Pfauenfedern)*, Muscheln mit kleinen Löchern, Schere

TRAUMFÄNGER

TIPP

FÜR DIESE IDEE KANNST DU VERSCHIEDENE ARTEN VON BÄNDERN, PERLEN ODER ANHÄNGERN VERWENDEN. ES MÜSSEN NICHT FEDERN ODER MUSCHELN SEIN. PROBIER DICH AUS UND FREU DICH AM ERGEBNIS.

1 Deckchen am Ring mit dem Garn befestigen.

2 Bänder am unteren Rand des Rings durchziehen und festknoten. Auf diese Bänder Perlen auffädeln, von unten Federn mit in die Perle stecken und mit dem Rest des Bandes festknoten oder Muschel festbinden. Ende des Bandes abschneiden.

3 Am oberen Rand des Rings weißes Satinband zum Aufhängen befestigen, zwei Holzperlen auffädeln und im Baum aufhängen.

AUFGEHÜBSCHT

Den Beistelltisch, den Esther für 10 Euro im Action-Shop kaufte, hat sie mit türkisem Kreidelack verschönert. Dafür strich sie die Farbe per Pinsel auf die Schaumstoffrolle und überrollte dann die Platte mit der Holzschnitzerei nur leicht, damit keine Farbe in die Zwischenräume lief. Die Beine klebte sie auf Dreiviertelhöhe ab und strich den unteren Teil mit dem Pinsel.

SO GUT GESCHÜTZT DUSCHT MAN AN HEISSEN TAGEN DOCH GERN MAL IM FREIEN. DIE GARDENA-GARTENDUSCHE WURDE MIT EINEM SEIL AM BAUM FIXIERT. SEIT DIE HOLZ-FLIESEN AUS DEM BAUMARKT AUF DEM BODEN LIEGEN, KRIEGT HIER AUCH KEINER MEHR NASSE FÜSSE.

altem Strauchschnitt füllen. Wir machen eine Pause mit Rührei, Kaffee und Würstchen, lernen uns dabei besser kennen. Das ist nett. Nebenbei erfahre ich, was ein anständiger Kleingärtner so wissen muss. Am Anfang sagte mir einer: „Esther, pass auf, die Hecke hat Ohren." Da merkte ich erst, dass man durch die Thujahecke jedes Wort mithören kann. Ich wunderte mich über die erstaunten Blicke der Älteren, als ich bei der ersten Vereinssitzung ein Bier bestellte, bevor ich bemerkte, dass die Damen hier Kaffee trinken. Und als ich mal wieder Rückenschmerzen hatte, klopfte mir mein Nachbar auf die Schulter: „Nicht übertreiben, Mädel, die Arbeit muss noch Spaß machen!" Das habe ich mir zu Herzen genommen. Im Gegenzug brachte ich meiner Nachbarin bei, dass man aus Minze nicht nur Tee, sondern auch Mojitos machen kann. In den letzten Jahren sind immer mehr junge Leute eingezogen, es findet ein Generationenwechsel statt. Dadurch wird das Schrebern moderner und freier, allerdings prallen dadurch auch neue Ansichten mit alten Traditionen aufeinander. Es bleibt spannend!

Das erste Wort meines Sohnes Vincent war Gurke. Klar, was ins Hochbeet einzog. Bei uns wächst alles gigantisch. Die Tomaten stehen schulterhoch, der Rosmarin geht mir bis zur Hüfte. Alles ohne fremde Ratschläge, ich bin eben doch eine Gärtnerin! Inzwischen weiß ich auch, wie man antwortet, wenn ein Kleingärtner am Zaun steht, die Faust ballt und „Kleingärtner, vereinigt euch!" ruft. Man sagt dann: „Gut Grün!" Ich fürchte nur, es dauert noch 30 Jahre, bis mir das ohne Lachen über die Lippen kommt.

HEIMSPIEL

Eines Tages kam die alte Liebe zurück. Anka hatte sich einen Monat Auszeit genommen, ein paar Sachen gepackt und bei ihren Eltern in Lübeck einquartiert. Die Spaziergänge mit Papa lenkte sie gern durch die Kleingartenanlage an der Wakenitz, in der sie erst wenige Wochen vorher mit Freundinnen einen Junggesellinnenabschied gefeiert hatte. Ach, wie schön das hier war. Und ach, wie sehr sie doch ihre Heimatstadt vermisste ... Wenig später wusste Anka, wie sie es schaffen konnte, künftig wieder öfter hier zu sein: Sie pachtete einen Garten.

HEIMSPIEL Lübeck

LIEBLINGSPLATZ: AUF DER HOLLYWOODSCHAUKEL, DIE ANKA VON EINER FREUNDIN ZUM EINZUG GESCHENKT BEKAM, SITZT SIE BEIM FRÜHSTÜCK MIT THOMAS AM LIEBSTEN. FÜR DIE ALTEN AUFLAGEN NÄHTE SIE NEUE BEZÜGE UND BESORGTE KISSEN UND DECKEN IN DEZENTEN FARBEN UND MIT LEICHTEM MUSTERMIX. DIE SECONDHAND-GARTENMÖBEL BEKAMEN FRISCHE FARBEN.

Ich hatte gerade eine spannende Jobphase hinter mir. Damals durfte ich die ersten eigenen Stylings für tolle Wohnzeitschriften machen, Fotoshootings bis in die Nacht begleiten, neue Auftraggeber treffen – ich blühte voll in meinem Beruf auf. Bevor es mit dem nächsten Projekt weiterging, gönnte ich mir eine kleine Auszeit: Ende 2015 nahm ich einen Monat frei und fuhr zu meinen Eltern. Ich bin in Lübeck groß geworden, mein Job als Interior-Stylistin verschlug mich später nach Hamburg. Ich lebte irre gern dort und doch: Das Heimweh kroch regelmäßig in mir hoch, mir fehlte meine Heimatstadt und die Möglichkeit, ohne eine Stunde Fahrt mit Freunden oder der Familie Zeit zu verbringen. Als ich bei meinen Eltern wohnte, beschloss ich, dies künftig mal wieder öfter zu tun. Und begann schon mal, dafür mein altes Kinderzimmer zu renovieren.

In diesen Tagen schleppte ich Papa öfter zum Spaziergang in die Kleingartenanlage, in der ich im Sommer 2015 bei einer Freundin Junggesellinnenabschied gefeiert und mich total in ihren Garten, in die Anlage und besonders in das letzte Häuschen am Weg verliebt hatte, das umringt von Frauenmantel, Rosen und Rittersporn am Ufer der Wakenitz lag. Ich stellte mir vor, wie es wäre, hier selbst ein Wochenenddomizil zu haben. Da wusste ich: Das war die Idee. Mit einem eigenen Garten könnte ich wieder regelmäßig in meiner Heimat sein und hätte einen Ort, an dem ich werkeln und mich entspannen könnte.

Und so sprach ich die Frau an, der das Uferhäuschen gehörte. Völlig verrückt: Sie wollte gerade auf eine andere Parzelle umziehen! Ich bekam ihren Garten – 400 Quadratmeter für 3000 Euro Ablöse und 120 Euro Pacht im Jahr. Wie glücklich ich war, als ich das erste Mal dort Tee aus frischer Minze kochte oder Crumble mit eigenem Rhabarber backte, als ich die ersten Beeren und Kartoffeln, Kirschen und Quitten erntete oder von der Mosterei über 100 Liter Apfelsaft pressen ließ, alles aus eigener Ernte. Anfangs hatte ich gar kein Gärtnerwissen, kannte auch den Großteil meiner Blumen nicht. Meine Vorgängerin erklärte mir viel, den Rest lernte ich schrittweise: mit der Süßkirsche, die meine Eltern mir

APFEL-KAROTTEN-BEEREN-KUCHEN
Rezept auf Seite 196

EIN PARADIES FÜR BLUMENLIEBHABER
Anka hat einen Garten übernommen, in dem die Beete rund um die Laube bereits herrlich bepflanzt waren. Im Frühjahr leuchten hier überall Vergissmeinnicht, im Sommer blühen Rosen und Frauenmantel, bis zum Herbst die schönsten Cosmeen … Wenn man mittendrin am Tisch *(unten)* sitzt, hat man stets Blütenduft in der Nase.

„Hier fühlt sich jedes Wochenende wie eine Auszeit an."

ANKAS BLUMENLADEN: FRÜHER STELLTE STYLISTIN ANKA OFT DEN STRAUSS DES MONATS FÜR DIE ZEITSCHRIFT „LIVING AT HOME" ZUSAMMEN. HEUTE PFLÜCKT SIE IN IHREM GARTEN IHRE EIGENEN BUNTEN BLUMENMISCHUNGEN.

HEIMSPIEL Lübeck

UND WO KAUFT DIE PROFI-FRAU?
Die String-Regale sind von Lys Vintage, der Rahmen überm Bett von Moebe *(über Luv Interior)*. Der Teppich *(House Doctor über Minimarkt)* sorgt für Wärme. Die Garderobe *(Gubi über Luv Interior)* ist ein witziger Hingucker. Der Tisch ist ein Eigenbau aus einem Ikea-Gestell und einer Platte, die in der Wandfarbe „Pointing" gestrichen wurde. Die Kupferlampe stammt von Milia Seyppel.

EINFACH WOHLFÜHLEN: DAS GEHT FÜR ANKA GANZ LEICHT: „WENN WIR ANKOMMEN, MACHEN WIR RUHIGE MUSIK AN, DIE HILFT UNS BEIM RUNTERKOMMEN. ICH HABE IMMER WOLLSOCKEN, EINE KUSCHELIGE JOGGINGHOSE UND BEQUEME SHIRTS DABEI. UND ETWAS LECKERES ZU ESSEN – DER PERFEKTE START IN EIN ENTSPANNTES WOCHENENDE."

ANKAS STYLING-REGELN

Farben bündeln: Zur schwarzen Küche (Ikea) passen zum Beispiel gut schwarze Accessoires. Lieblingsfarben erhöhen das Wohlgefühl.

Formen variieren: Wenn es schon sehr viele eckige Möbel gibt, tut ein runder Tisch dem Raum gut. Der bricht optisch die harten Kanten auf.

Paare bilden: Zwei Zarges-Boxen, eine runde Lampe zum runden Tisch, zwei String-Regale – oft erzeugt ein passendes Gegenstück ein Gefühl von Harmonie. Deswegen ruhig mal was doppelt kaufen.

COLOR CODE: DIE WÄNDE SIND MIT „POINTING NO. 2003" UND „PIGEON 25" GESTRICHEN. FENSTERRAHMEN MIT „FRENCH GRAY 18". DAS HAUS AUSSEN IN „PINK GROUND 202" (FARROW & BALL).

ANKAS DIY-TIPP

WINDOW HANGING

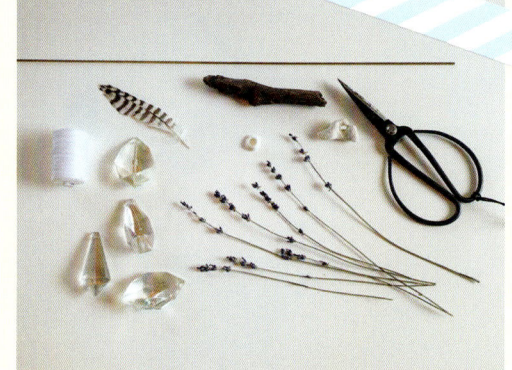

Das brauchst du: 1 Messingstab *(Bastelladen)*, 1 Stück Treibholz, 1 Feder, Lavendelzweige, Hühnergott *(Stein mit Loch)*, Muschel mit Loch, 4 Kristalle, weißes Garn, Schere

1 Garn in unterschiedlichen Längen abschneiden. Die Länge sollte den gewünschten Abstand der Schmuckstücke zur Messingstange mal zwei betragen, plus 1 bis 2 cm zum Befestigen. Bei den Kristallen den Faden dreifach so lang wählen, damit er unter ihrem Gewicht nicht reißt.

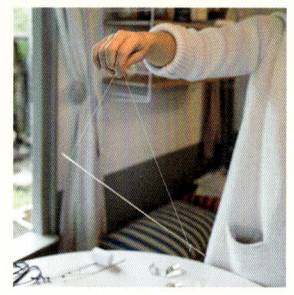

4 Für die Aufhängung ein Stück Garn abschneiden, das mehr als dreimal so lang ist wie die Messingstange. Faden dreifach nehmen, Enden links und rechts an die Stange knoten. Daran kannst du dein Schmuckstück nun an einem Nagel im Fenster aufhängen. Zum Schluss die schweren Teile ausbalancieren.

2 Jedes Ende ein-, zweimal um das Stück Holz, die Feder und den Lavendel wickeln, durch den Hühnergott und die Muschel führen, bei den Kristallen den Faden dreifach genommen durchfädeln und verknoten.

3 Messingstange auf den Tisch legen und die langen Garnenden aller Teile dreimal herumwickeln und symmetrisch verteilt daran festknoten.

TIPP

NICHT ZU VIELE SCHWERE TEILE AN DIE DÜNNE MESSINGSTANGE HÄNGEN, DAMIT SIE SICH UNTER DER LAST NICHT VERFORMT ODER GAR BRICHT.

Lübeck **HEIMSPIEL**

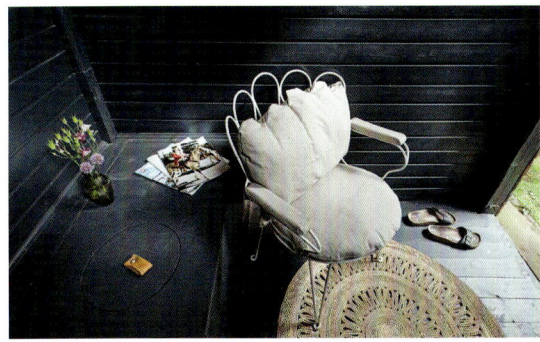

OHO, STYLO-KLO:
Für die Komposttoilette ließ Anka zwei Löcher in die Holzbank sägen. Unters linke Loch kam der Eimer, unters rechte der Behälter mit Kleintierstreu. Die Deckel erhielten mit Lederschlaufen und Polsternägeln Griffe. Diese Nägel nutzte die Profi-Frau auch zum Aufhängen von Klopapierrolle und Spiegel. Mit dem selbst gebauten Waschtisch, Vasen, einem Flohmarkt-Stuhl und dem Bild von Ralf Nietmann wurde das stille Örtchen stylisch.

DANKE, PAPA: DIE IDEE ZUM FELDSTEIN-WEG FAND ANKA BEI PINTEREST UND ZEIGTE SIE PAPA. ALS SIE EINES TAGES IN DEN GARTEN KAM, WAR ALLES FERTIG: ER HATTE IHR GENAU SO EINEN WEG ANGELEGT.

zum Einzug schenkten, mit der Stachelbeere, die ich mir kaufte, mit jedem Ableger, den ich bei Mama mitnahm. Auch mein Stylistinnenherz schlug hier schneller. Das gemütliche Häuschen wollte ich moderner und mit etwas Vintage einrichten. Erst mal haben mein Freund Thomas und ich sechs Monate jedes Wochenende gewerkelt, ganz viel Zeit und Liebe in die Renovierung gesteckt. Thomas täfelte die Wände mit Fichte, ich stellte ein Farbkonzept auf. Außen strich ich das Haus hellrosa, innen in gedecktem Weiß und Graugrün. Auf Pinterest forschte ich nach Ideen, schliff Stühle ab, strich sie neu. Aber das alles war für mich keine Arbeit, sondern eher Erholung. Und ich war dabei immer draußen. Das Ergebnis wurde wunderschön. Auch wenn es bis heute immer etwas zu tun gibt, fühlt sich jedes Wochenende wie eine Auszeit an: Wenn ich hier bin, geht es mir gut. Morgens sitzen wir an die Wand gelehnt auf der Matratze und schauen ins Grüne. Danach gibt's Frühstück auf der Hollywoodschaukel. Abends fallen wir müde ins Bett. Sogar im Winter kommen wir her, sitzen mit Kaffee am Fenster. Wie glücklich mich das alles macht, sehen mir Freunde längst an. Neulich fragte Leni: „Na, warst du wieder in deinem rosa Zauberschloss?" Meine Heimat tut mir gut.

Meine Eltern besuchen wir trotzdem noch oft. Weil wir im Garten keine Dusche haben – und weil Mama immer was Leckeres kocht, bevor wir sonntags wieder Richtung Hamburg fahren. Um am Wochenende drauf zurückzukehren. Wenn wir dann das Boot runtertragen und auf der Waknitz paddeln gehen, wird mein Herz ganz weit. Vom Wasser aus kann man nämlich Lübecks Kirchtürme sehen. Und dann weiß ich jedes Mal: Ich bin wieder zu Hause.

Ankas Ausblick ist unbezahlbar. Weil sie das Glück hatte, die letzte Parzelle der Anlage zu bekommen, kann sie direkt auf die Lübecker Wakenitz schauen. Und dort natürlich jederzeit paddeln gehen – oder einfach mal schnell ins Wasser hüpfen.

WER GÄRTNERT HIER?
JANINE SOMMER (44),
ILLUSTRATORIN AUS BERLIN,
KREATIV UNTER
WWW.JANINESOMMER.DE

LAUBE KUNTERBUNT

Die gute Laune beginnt schon am Gartenzaun.
Rosa Rosen ranken in den knallblauen Himmel.
Rechts flattern eine bunte Blumentischdecke
und pinke Papiergirlanden im Wind. Hinterm gelben
Mädchenauge, dem blauen Rittersporn und der lila
Dreimasterblume warten Liegestühle in Mint,
Gelb und Orange auf die Gäste. So richtig aber offenbart
sich Janines Farbenliebe in ihrer gut 100 Jahre alten
Laube. Türkise Wände, Mosaikfliesen, Erdbeerbilder –
hier war jemand mit Geschmack am Werk.

LAUBE KUNTERBUNT Berlin

JANINES TIPPS, WIE BLUMEN GUT GEDEIHEN? „ICH MACHE MIR EINFACH NICHT SO VIELE GEDANKEN." VERBLÜHTES WIRD ABGEKNIPST. ANSONSTEN HAT SIE NUR EINE REGEL: WAS NICHT GEDEIHT, MUSS GEHEN. DIESES SCHICKSAL DROHT DEM GELBEN MÄDCHENAUGE NICHT. ES BLÜHT GERADEZU PREISVERDÄCHTIG.

HÄNGELEUCHTE

Zur Aufhängung der schwarzen LED-Lichterkette *(Hornbach)* überm Tisch kamen zwei 1,80 Meter hohe Pfähle aus unbehandeltem Kastanienholz mit Bodenhülsen in die Erde. Darauf dienen zwei Ösen als Halt. Kleiner Rat: vorher die Tischlänge ausmessen, damit die Kette über die ganze Tafel passt.

GIERSCH-PESTO
Rezept auf Seite 207

Ohne Blumen fehlt mir was. Schon früher bin ich jeden Samstag auf den Markt gegangen, um mir einen Strauß zu holen. Ich brauchte diese Farben und diese Lebendigkeit. Der Blumenladen meines Vaters ist schuld an meiner Blumenliebe, mit 19 habe ich dort vor dem Studium für ein Jahr als Floristin gearbeitet und viel über Blumen gelernt. Da hat mich das Garten-Gen meiner Eltern endgültig gepackt: Ich schleppte zig Blumentöpfe auf den Balkon meiner Wohnung am Kollwitzplatz, baute jedes Jahr mehr Tomaten, Erdbeeren, Kräuter und Kartoffeln an. Es kam der Tag, an dem kein Platz mehr war und ich wusste: Es wird Zeit für einen Garten. So einen, wie meine Eltern ihn am Rand von Berlin haben.

Meine Mutter schwört, ich hätte als Kind immer dezent nach Zwiebel gerochen, weil ich so gern Lauch naschte. Die Füße im Gras – das war meins. All das fehlte mir, seit ich im Prenzlauer Berg wohnte, wo man sich im Park um jedes Stück Grünfläche kloppt. Bis mir meine Freundin Anna erzählte, dass ihre Gartennachbarn, ein Paar im Rentenalter, Nachfolger suchten. Ihr Garten war 450 Quadratmeter groß, die Laube fast 100 Jahre alt und kunterbunt zusammengewürfelt: Jedes Fenster war ein anderer Typ, die Wände waren aus russischen Munitionskisten gezimmert, Baumaterial war ja in den Nachkriegsjahren knapp. Gerade das gefiel uns, wir sagten zu. Den Vorpächtern fiel der Abschied sehr schwer. Die Frau war seit 1949 hier, davor ihre Eltern. Ein Jahr später übergaben sie uns ihr Idyll mit allem, was darin war, für einen Euro.

Ihr Garten galt bis dahin als Baumarkt der Anlage, ihre Vorräte an Baumaterial, Schrauben und Werkzeug waren immens. Das half anfangs, aber wir mussten auch Luft schaffen, einige Schuppen abreißen, Plastikwände entsorgen, die Thujahecke roden, die das Haus einhüllte. Eckige Wege und Beete bekamen geschwungene Formen, und das Gewächshaus wurde wieder aktiviert. Dann begann das Farbenspiel: Ich setzte die Rosen um, mein Vater brachte vom Großmarkt palettenweise Blumen mit. Das Gärtnern inspirierte mich für meine Arbeit: Ich studierte Blattformen, entwarf Pflanzen-

LAUBE KUNTERBUNT Berlin

SOMMERHAUS-STIMMUNG: DIE BLAUE TAPETE „DAISY" STAMMT VON DER ENGLISCHEN DESIGNERIN HANNAH NUNN, DIE MOSAIKFLIESEN GIBT'S BEIM BERLINER FLIESENMARKT (ART.-NR. 203).

„Wenn alle in der Stadt brüten, rennen wir unterm Rasensprenger durch."

FARBENSPIEL

Das Türkis der Laubenwände mischte Janine selbst, die Girlande bastelte Tochter Rosali aus Seidenpapier, Klebeband und Schnur. Für das Regal hat sie sechs Apfelkisten mit Kabelbindern fixiert. Dazu passen der Tisch vom Vorpächter, der moderne Teppich (*Ikea*) und die Sitzkissen im Regal (*Housedoctor*). Das Bett unter der türkisen Decke wurde aus acht Europaletten selbst gebaut.

collagen mit Erdbeeren, zeichnete Erbsenblüten nach. Nun fehlte nur noch Farbe in der Laube. Ich strich die Wände türkis, fand für die Veranda englische Tapete und Mosaikfliesen, stellte die alten Gartenmöbel wieder rein. Roland nennt die ganzen Bauaktionen an der alten Laube denkmalgerechter Rückbau. Als Restaurator ist ihm wichtig, den Originalzustand hervorzuholen und alte Schmuckstücke zu erhalten.

Der Garten wurde das vierte Zimmer unserer Drei-Raum-Wohnung. Sobald wir nach einer harten Woche Freitagabend mit dem Rad, Erdbeerpflanzen im Korb und roten Gesichtern hier ankommen, schalten wir runter. Wenn an heißen Sommersonntagen alle in der Stadt brüten, toben wir mit unserem Hund Pepe unterm Rasensprenger durch. Der Garten befreit vom Zwang, etwas zu unternehmen. Wir verbringen Urlaube hier, feiern Geburtstage mit unseren Liebsten, Roland macht Kumpelabende, Rosali bringt Freundinnen mit. Das Handy liegt irgendwo, der Kopf ist frei, einen Fernseher gibt es nicht – wir können uns keine bessere Work-Life-Balance mehr vorstellen. Dafür sind die 500 Euro pro Jahr hier nicht viel.

Wenn ich im Gewächshaus die Gurken gieße, fühle ich mich manchmal wie früher als Kind. Zwiebellauch nasche ich immer noch gern. Nur Blumen für die Wohnung kaufe ich weiter auf dem Markt. Im Garten kann ich einfach nichts abschneiden.

JANINES DIY-TIPP

Das brauchst du: frische Blüten und Blätter, Trockensalz *(Bastelladen)*, Löffel, Trockenpresse *(Bastelladen)*, Glasbilderrahmen *(z. B. FRAME von Moebe, Ting-Shop Berlin)*

PFLANZENBILDER

TIPP

WEM DIESE SCHICKEN RAHMEN ZU TEUER SIND, DER KANN GÜNSTIGERE KAUFEN UND DIE GEPRESSTEN PFLANZENTEILE AUF HELLEM PAPIER HINEINLEGEN. SCHÖN SEHEN DIE PFLANZENBILDER AUCH IN DER GRUPPE AUS.

1 Blumen in Trockensalz einlegen, 3 bis 5 Tage trocknen, mit einem Löffel rausnehmen.

2 Farne und Gräser etwa eine Woche lang in die Trockenpresse legen und vorsichtig rausnehmen.

3 Blüten in kleinere, Blätter in größere Bilderrahmen einlegen. Die Rahmen an die Wand hängen oder auf Regal und Fensterbretter stellen.

LAUBE KUNTERBUNT Berlin

3 TIPPS FÜR EINE BUNTE SOMMER-PARTY

1. Für Farbe: Blumentischdecken auf den Gartentischen verteilen (z. B. von Zara Home).

2. Für Partystimmung: Wimpelketten, Discokugel und Pompons in die Bäume hängen, Fackeln und Windlichter aufstellen.

3. Für Charme: Stühle, Sitzkissen und Geschirr ruhig mixen, Unperfektes macht den Garten gemütlich.

STUFE FÜR STUFE ZUM ROSENBOGEN: WEIL JANINE DAS ALTE RANKGERÜST MIT DEM EFEU ZU TRAURIG FAND, SCHRAUBTE IHR MANN RECHTS EINE ALTE HOLZLEITER DARAN FEST. AN IHR RANKT SICH JETZT EINE ROSE HOCH UND SORGT FÜR FARBE.

WER GÄRTNERT HIER?
BERNADETT FASSHAUER-KOTTE (35), KOMMUNIKATIONSBERATERIN AUS BERLIN

STADTLAND

Am Anfang träumte sie vom Wochenendhäuschen
auf dem Land. Einem Ort irgendwo im Brandenburgischen, höchstens eine Autostunde von Berlin entfernt, wo sie sich von ihrer intensiven Job-Woche erholen konnte. Ein bisschen grillen vielleicht oder einfach nur in der Hängematte dösen, so war der Plan. Wie am Ende aus dem Projekt Landhaus eine kleine Laube samt Schrebergarten in der Stadt wurde, warum Bernadett dafür gelbe Zahnbürsten kauft und wieso Buttersalat besser als Rucola schmeckt, das erzählt sie hier.

STADTLAND Berlin

EINFACH PRAKTISCH: EIN SONNENSEGEL (KOOKABURRA) ZAUBERT SCHATTEN AUF DEN SITZPLATZ. DEN ESSTISCH (WIE DIE STÜHLE VON IKEA) HAT LARS ANGESCHLIFFEN UND MIT HOLZAUSSENLACK NEU GESTRICHEN, UM IHN WETTERBESTÄNDIGER ZU MACHEN. DIE BRAUNEN FENSTERLÄDEN SPRÜHTE ER MIT GRAFFITI-SPRAY RUCKZUCK GRAU.

Irgendwann ist mir das aufgefallen. Dass ich auf der Arbeit wie ein Duracell-Häschen funktionierte. Alles musste zackzack gehen, ich saß den ganzen Tag in Meetings, sprach mit zig Leuten, immer die Mailflut im Blick. Wenn ich abends heimkam, hatte ich nicht mal mehr Lust zu reden. Weil es meinem Mann Lars und unseren Freunden genauso ging, beschlossen wir, zu viert ein Wochenendhäuschen im Brandenburgischen zu kaufen. Eines, das man in einer Stunde erreichen und wo man chillen und grillen konnte. Wir haben viel angeschaut, das richtige Objekt war nicht dabei. Da schlug Lars vor, dass wir uns statt des Hauses auf dem Land doch einen Kleingarten in der Stadt zulegen könnten. Waaas? Das war mir zu spießig. Ich war ein Berlin-Girl und Kommunikationsberaterin, das passte doch gar nicht zu unserem Lifestyle.

Und dann war es ausgerechnet mein Chef, der vor vier Jahren erzählte, dass seine Frau einen Schrebergarten gepachtet hätte und wie toll das sei. Ungläubig haben wir die beiden im nördlichen Berlin-Wittenau besucht. Nach wenigen Minuten auf der Stadtautobahn empfing uns Stille und Grün. Ich war angesteckt. Als in der Anlage zwei Wochen später ein Garten frei wurde, übernahmen wir ihn für 3500 Euro Ablöse und 360 Euro Pacht im Jahr. Der Hochsommer war schon vorbei, die Tage wurden bereits kühler, trotzdem habe ich eine Hängematte zwischen die alten Bäume gehängt.

Im ersten Jahr wollten wir erst mal schauen, was wo blüht. Wir fingen mit der Sanierung der Laube an, ein cleaner 70er-Jahre-Bau mit Flachdach, ich hatte sofort eine Vision: Ich sah etwas modern Skandinavisches ohne Schnickschnack in Schwarz und Weiß. Mit Gelb wollte ich Akzente setzen – durch Kissen und Lampen. Ich habe sogar gelbe Zahnbürsten fürs Bad gekauft. Wir rissen Holzpaneele und die Wand zur Küche raus, machten die Elektrik, Wasserleitungen und den Boden neu. Fürs Fliesen holten wir Handwerker. Ich bestand auf einen Herd, denn wenn Lars draußen werkelte, wollte ich Rhabarberkuchen backen. Oder mal gemeinsam mit ihm Apfelmus, Pflaumenmus und Jostabeerengelee kochen. Ich brachte Stunden damit zu, auf Pinterest

„Die Stadt scheint weit weg, obwohl wir mittendrin sind."

BUNTER SOMMERSALAT
Rezept auf Seite 194

♪

LIEBLINGS-PLAYLISTS ZUM ENTSPANNEN*

Absolute Acustic

Relax & Unwind

Poolside – Pacifix Standard Time

Milchbar Norderney – Seaside Season

*zu finden bei Spotify

DREI-FARBEN-HAUS

Die 25-Quadratmeter-Laube richtete Bernadett in Schwarz, Weiß und Gelb ein. Die helle Schlafcouch *(Ikea)* besitzt einen Bettkasten, der schwarze Tisch *(über Dopo Domani)* wirkt schön durchlässig und passt zu Stehlampe *(Bolia)* und Teppich *(Ferm Living)*. Links vom Sofa nutzt eine Birkenast-Garderobe *(Dawanda)* mit Kupferkleiderbügeln *(Hay)* die Ecke geschickt aus. Gelbe Accessoires wie Küchenleuchten *(Muuto)* und Kissen *(Hay)* setzen Akzente. Am anderen Ende des Raumes hängt eine schwarze Makramee-Ampel *(Granit)* in der Küche.

LÄSSIGE LOUNGE
Das Schwarz-Weiß-Gelb-Farbkonzept zieht sich bis in den Garten: Die „Acapulco Chairs" und das passende Sofa *(über Monoqi)*, der Zickzack-Outdoorteppich *(über Amazon)* und die gelben Kissen *(Ikea)* locken Besucher an. Für den Tisch stapelte Bernadett zwei Paletten übereinander, die sie abends leicht wegräumen kann.

BERNADETTS DIY-TIPP

Das brauchst du: Wasserschosser *(unverzweigte Langtriebe, z. B. vom Obstbaum)*, Blumendraht in Braun und Grün, Seitenschneider, Blumen, die sich gut trocknen lassen *(z. B. Lavendel, Hortensie, Schleierkraut)*

BLÜTENKRANZ

TIPP

FRISCH GESCHNITTENE ZWEIGE VON KIRSCH- UND PFLAUMENBAUM LASSEN SICH AM BESTEN VERWENDEN, WEIL SIE WEICH UND BIEGSAM SIND. APFEL-WASSERSCHOSSER TROCKNEN SCHNELL AUS.

1 Je zwei Wasserschosser mit braunem Draht aneinanderbinden, sodass daraus längere Zweige entstehen. Diese zu einem Kreis formen und miteinander verdrahten.

2 Den nächsten Zweig um diesen Kreis winden, wieder verdrahten. Wo sich zwei Zweige kreuzen und eine Leerstelle entsteht, den nächsten Wasserschosser anlegen, bis sich ein Kranz formt.

3 Mit dem grünen Draht die Blumen reihum am Kranz befestigen. Dünnere Zweige wie Lavendel vorab zu einem kleinen Strauß verdrahten, das sieht netter aus und erleichtert die Befestigung am Kranz.

Berlin **STADTLAND**

KLUGE HELFER

Weil es Bernadett und Lars unter der Woche höchstens zweimal in den Garten schaffen, wässern sie die Beete per Tropfschlauchsystem, das am Wasserhahn mit einer Zeitschaltuhr gesteuert wird. Die Deckel der schicken Hochbeete öffnen sich ab 25 Grad automatisch über Gasdruckdämpfer und gewähren Frischluftzufuhr.

DUSCHE MIT AUSBLICK: DIE DUSCHE HABEN DIE BERLINERIN UND IHR MANN WEGEN PLATZMANGEL NACH DRAUSSEN VERLEGT. SEITDEM KÖNNEN SIE SICH HIER MIT HIMMELBLICK ERFRISCHEN. DIE HECKE WEHRT NEUGIERIGE BLICKE AB. DIE BRAUSE BAUEN DIE BEIDEN IM WINTER AB, DAMIT DARIN DAS WASSER NICHT EINFRIERT.

Ideen für unsere kleine Laube zu suchen. Wie die für unsere Schiebetür am Klo, die viel Platz spart. Unser Prinzip hieß: „Form follows function!" Aber schön musste es trotzdem sein.

Weil unser Garten nur 250 Quadratmeter groß ist und einen ausgelaugten Sandboden hat, legten wir Hochbeete für Gemüse an und funktionierten den Whirlpool hinterm Haus zum Staudenbeet um. Ich hole mir auf Instagram, Youtube und in Büchern Anregungen zu Blumen ein, Lars zum Anbau von gelben Cherrytomaten, Zwiebeln und Butterkopfsalat. Wir waren erstaunt, wie buttrig und nussig der schmeckt. Viel besser als Rucola. Heute feiern wir das Wasseranstellen zur Saisoneröffnung im Frühjahr mit Eierlikör aus Schokobechern. Spießig finde ich am Kleingarten gar nichts mehr, er ist eher ein großes Experimentierfeld, unsere Oase. Früher dachten wir oft, dass wir mehr raus müssen. Jetzt sind wir immer draußen und kommen zur Ruhe. Freitags kaufe ich Baguette, düse mit Lars nach der Arbeit her, dann schneiden wir gleich das Brot auf und essen den eigenen Salat dazu. Das Wochenende fängt viel früher an. Die Stadt scheint weit weg, obwohl wir mittendrin sind. So schön! Die Freunde, mit denen wir aufs Land wollten, laden sich heute gern bei uns ein. Dann backen wir zusammen Waffeln, es gibt eigene Erdbeeren, wir chillen auf der Wiese und quatschen. Wenn abends alle weg sind, liegen Lars und ich in der Hängematte, genießen die Abendsonne über dem Apfelbaum und sind einfach nur glücklich. Weil wir wissen: Schöner hätten wir es im Wochenendhäuschen auf dem Land auch nicht haben können.

WER GÄRTNERT HIER?
LAURA KUHN (32),
GROSS- UND AUSSENHANDELS-
KAUFFRAU AUS PFORZHEIM,
KREATIV UNTER
WWW.LAURASAPFELBAUM.DE

ALLES GEMÜSE

Gleich hinterm Eingang beginnt die grüne Meile.
Links stehen kniehohe Kartoffelpflanzen, rechts
wuchern Riesenköpfe von Spitzkohl und Brokkoli. Die
meterlangen Hochbeete rund um die Feuerstelle sind dicht
mit Kohlrabi, Knoblauch und Mangold gefüllt. Lauras
Garten ist ein Paradies für Bio-Anhänger und Gemüsefans.
Doch dessen Geschichte ist so gar nicht romantisch.
Denn sie begann, als Laura schwer krank war.

KRÄUTERREGAL: AUF DER OBERSEITE EINER EUROPALETTE HEBELTE LAURA DREI HOLZLEISTEN AB UND SCHRAUBTE SIE AN DER UNTERSEITE SEITLICH DER „FÜSSE" SO FEST, DASS PFLANZKÄSTEN ENTSTANDEN. DAS REGAL IST MIT WEISSER ÖKO-HOLZSCHUTZFARBE GESTRICHEN UND WIE BEI PFLANZSCHILDERN BESCHRIFTET.

Es ist für mich das Geräusch des Aufbruchs. Wenn im Frühling das große Summen beginnt, breitet sich in mir ein Glücksgefühl aus. Ich kann den Bienen stundenlang dabei zusehen, wie sie meine Pflanzen bestäuben. Sie tun es mit einer Leichtigkeit, als wollten sie mir sagen: „So Laura, jetzt fängt alles wieder an." In diesen Momenten spüre ich das Leben ganz arg.

Es ist noch nicht lange her, dass ich Angst hatte, dieses Leben zu verlieren. Kurz vor meinem 25. Geburtstag wurde bei mir Krebs diagnostiziert. Alles begann damit, dass ich geschwollene Lymphknoten unter meiner Achsel ertastete. Der Krebs hatte in einigen Organen gestreut. Es folgte eine lange Therapiestrecke mit Immunstimulatoren, Strahlen-, Chemotherapie und Antikörpern. Ich verlor meine Haare, meine Zukunftsträume, meine Leichtigkeit. Und hatte das Gefühl, die Zeit rinnt mir wie Wasser durch die Finger.

In dieser Zeit zog es mich magisch in den Garten meiner Eltern. Tagsüber saß ich unter den Bäumen, hörte das Rauschen des Baches und genoss die Ruhe. Hier verflogen meine Kopfschmerzen: Die Natur tat mir gut. Ich las Bücher, wie ich meinen Körper beim Gesundwerden unterstützen kann, lernte, dass grünes Gemüse Krebs abwehrt. Mir wurde bewusst: Ich konnte aktiv etwas tun. Statt Weißmehlprodukte wie helles Brot und Nudeln zu essen, begann ich, mit Vollkornprodukten zu experimentieren. Statt süßen Stücken gab's Naturjoghurt mit Beeren zum Frühstück, statt Eis gefrorenes Erdbeermus, statt Fastfood in der Mittagspause Quinoasalat. Zucker strich ich ganz, ich wollte unbehandelte, reine Nahrung zu mir nehmen, die den Körper nicht belastet, sondern Kraft gibt. Je mehr ich über Bio-Richtlinien und Verbände las, desto klarer wurde mir, dass nur wenige Lebensmittel unbelastet waren oder streng kontrolliert wurden.

So begann ich, mein erstes wirklich unbehandeltes Gemüse im Garten meiner Eltern anzupflanzen – aus zertifiziertem Bio-Saatgut, auf eigenem Kompost, mit natürlichem Dünger. Sie fanden es schön, als ich das erste Beet für Kartoffeln und Rote Bete in Beschlag nahm.

GEMÜSEPFANNE VOM GRILL
Rezept auf Seite 203

**ISS GESÜNDER:
LAURAS LIEBLINGE IM BEET**

- Rote Bete und Brokkoli – besitzen krebshemmende Eigenschaften
- Bohnen – enthalten viel Eiweiß und Eisen
- Erdbeeren und Heidelbeeren – wegen ihrer krebsabwehrenden Vitalstoffe
- Knoblauch, Grünkohl und Weißkohl – ihr Vitamin C stärkt das Immunsystem
- Schwarze Himbeeren – besitzen starke Antioxidantien

6 ÖKO-TIPPS AUS DEM PERMAKULTUR-GARTEN

1. Ich setze auf natürliche Materialien: Aus Weidenästen flechte ich Zäune, die Regentonne ist ein Weinfass aus Holz. Statt Töpfen aus Plastik benutze ich welche aus Ton.

2. Ich nutze die Kraft der Pflanzen, sich selbst zu unterstützen: Zwischen Kohl pflanze ich Kressekraut, weil es den Geschmack intensiviert. In andere Beetzwischenräume säe ich Spinat und knicke ihn später um, er führt dem Boden Nährstoffe zu.

3. Aus Grün- und Bio-Abfällen gewinne ich Humus. Zusätzlich sammele ich auch daheim Kaffeesatz oder Schalen gekochter Eier in kompostierbaren Tüten und reichere den Kompost damit an.

4. Mit Unkraut mulche ich gern, indem ich es dick zwischen die Pflanzen lege. Wenn es verrottet, gibt es den nützlichen Kleinstlebewesen Futter, der Boden trocknet weniger aus.

5. Samen bestelle ich nur beim ersten Mal beim Bio-Gartenversand vom Hof Jeebel, später gewinne ich sie selbst aus meinen Pflanzen.

6. Ich spritze und dünge organisch: Urgesteinsmehl, direkt ins Pflanzloch gestreut, gibt Pflanzen Kraft. Brennnesseljauche stärkt sie oder verjagt Schädlinge. Dafür setze ich im Bottich Nesseln mit Wasser an, rühre drei Wochen lang täglich um. Danach gieße ich mit der Jauche die Beete. Das Gestrüpp kommt auf den Kompost, es beschleunigt dessen Reifung.

LAURAS DIY-TIPP

Das brauchst du: Spaten, 4 Dielen *(4,5 cm stark, 28 cm breit, 4 m lang)* – zersägt in zwei Teile à 1,15 m und 2,85 m, 4 Rahmenschenkel *(60 cm)*, ca. 40 Senkkopfschrauben *(5 x 80)*, Akku-Bohrmaschine, engmaschigen Kaninchendraht *(etwa 1,70 x 3,40 m)*, Tacker, Drahtschere oder Zange, grobe Äste, feinen Baum- oder Strauchschnitt, Laub oder Rasenschnitt, unreifen Kompost, 0,8 m³ Pflanzerde

HOCHBEET FÜR SELBSTVERSORGER

TIPP

LEG AM BODEN UNTER DEN DIELEN FLACHE STEINE AUS, DANN STEHEN SIE NICHT SO AUF DER NASSEN ERDE. DU KANNST AUCH RINDE ZWISCHEN DAS UNTERSTE UND DAS OBERSTE BRETT KLEMMEN, DAMIT REGENWASSER BESSER ABLAUFEN KANN UND DAS HOLZ WENIGER SCHNELL VERFAULT.

1 Mit einem Spaten eine Grasnarbe von etwa 1,30 x 3 m ausstechen.

2 Dielen ausrichten. Die kurze Diele mit je zwei Schrauben von innen am Rahmenschenkel befestigen. Analog die lange Diele von der anderen Seite fixieren *(siehe Foto)*. Diese Schritte an allen vier Ecken wiederholen, bis das Gerüst steht.

3 Für den Wühlmaus-Schutz Kaninchendraht so am Boden des Hochbeets auslegen, dass er an allen Seiten innerhalb des Rahmens hochragt. Am Holz festtackern.

4 Nun wird befüllt: erst kommen grobe Äste rein, dann feine, es folgen die ausgestochene Grasnarbe *(mit der Erde nach oben)*, Laub oder Rasenschnitt, unreifer Kompost und zum Schluss Pflanzerde. Alle Schichten festtreten. Jetzt kann bepflanzt werden.

SO GEHT INFUSIONSWASSER

Laura befüllt Wasserkaraffen gern mit Erdbeeren und Zitronenmelisse *(links)*, Zitrone und Himbeere *(Mitte)* sowie Blaubeere, Ingwer, Orange und Rosmarin *(rechts)* oder reichert Früchtetee mit selbst gekochtem Sud von schwarzen Johannisbeeren, Honig, Rosmarin, Orangenschale, Zitrone und Ingwer an. Hübsch, lecker und gesund!

DIE LAUBE DER ELTERN WAR NUR EIN ORT ZUM SACHEN ABLEGEN. LAURA LIESS DIE GEMÜTLICHKEIT EINZIEHEN: MIT EINER KORBBANK, KISSEN, TEPPICH (IKEA), OFEN UND WEINKISTEN-REGALEN. DAZWISCHEN DUFTET EIN MINZSTRAUSS.

Es folgten Karotten, Gurken, Tomaten, Sellerie, Pastinaken, Wurzeln, Bohnen, Erbsen, Kürbisse … Ich liebte es, zu sehen, wie sich die Pflanzen entwickelten. Staunte über die Wunder der Natur und darüber, wie mild und zart gedämpfter Brokkoli schmeckt. Die Farben, die Heilungskraft und die Vielfalt auf meinem Teller faszinierten mich. Mein gesundes Essen wirkte: Die Magen-Darm-Probleme verschwanden, die Blutwerte besserten sich. Anfangs musste ich einen Stuhl neben die Beete stellen, bald brauchte ich kaum noch Pausen bei der Gartenarbeit. Stückweise übernahm ich den Garten: Im Januar machte ich Anbaupläne, ab Februar zog ich Samen vor. Anfangs waren daheim alle Tische voller Erde, später baute mir mein Freund ein Gewächshaus. Meine Beete wuchsen auf 200 Quadratmeter Fläche, auf der ich über 120 Gemüsesorten ausprobierte, darunter sieben Kartoffelarten. Ich wurde Fan alter nährstoffreicher Gemüsesorten und der Permakultur, bei der man die Natur in ihrem Kreislauf unterstützt. Alles fühlte sich zutiefst sinnvoll für mich an. Seitdem freue ich mich jedes Jahr wie ein Kind auf die Ernte. Sie ernährt uns von Juni bis Oktober. Ich wecke und friere viel ein, damit wir bis in den Winter davon essen können, denke mir Rezepte aus. Um meine Erfahrungen weiterzugeben, schreibe ich einen Blog, fotografiere meine Pflanzen und Gerichte und bin froh, wenn ich andere zur gesunden Ernährung inspirieren kann.

Mein Weg hat sich gelohnt. Heute hat mein Körper seine Balance wieder – und ich habe neue Zukunftspläne. Das verdanke ich auch meinem Garten. Deswegen freue ich mich schon aufs nächste große Summen im Frühjahr. Dann weiß ich: Alles geht wieder los.

WER GÄRTNERT HIER?
MARIE HIMMEL (33),
ARCHITEKTIN AUS HAMBURG,
BLOGGT AUF
WWW.FRAUMEISE.DE

LANDLIEBE

Der Rotkohl auf dem Beet sieht aus wie aus der
Bio-Werbung. Am Baum hängen reife Knubberkirschen.
Und dann summt auch noch eine Hummel durch die wilde
Wiese, auf der Mohn und Kornblumen blühen. Ach, man
könnte stundenlang durch Maries Feierabend-Oase laufen,
Stachelbeeren und Erbsen naschen oder selbst gebaute
Staketenzäune und Rankgitter bewundern. Aber dann
würde man das Beste hier verpassen: Maries Laube –
ein Kleinod im nordischen Stil.

LANDLIEBE Hamburg

BETON TRIFFT HOLZ
Der Eingangsbereich ihrer Laube wurde von Marie mit Gehwegplatten ausgelegt, die sie mit Betonfarbe strich. In der Mitte des Zimmers wechseln sie mit Kieferdielen. Marie nahm die günstigen aus der C-Sortierung. „Durch die Macken wirken sie natürlicher."

„In der Laube wollte ich klare Linien, Altes mit Neuem verbinden."

An diesem Licht kann ich mich nicht sattsehen. Nach der Arbeit, wenn die Sonne hinter dem Kirschbaum versinkt, sitze ich am liebsten barfuß auf der Holzbank am Gemüsebeet – und staune: wie groß der Rotkohl geworden ist. Wie prall die gelben Himbeeren sind. Und wie üppig die Bohnen! Im Sommer komme ich nach der Arbeit jeden Tag hierher. Ich wühle so gern in der Erde. Das erinnert mich an meine Kindheit auf dem Land. Mit zehn hatte ich im Garten meiner Eltern bereits ein eigenes Beet, wo ich Möhren, Zwiebeln und Salat anbaute. Vor lauter Gartenliebe habe ich sogar die Wände meines Kinderzimmers grün gestrichen. Der Gartenbauunterricht in der Schule war mein Schönstes! Als ich später nach Hamburg zog, hat mir in der Stadt richtig was gefehlt – so ganz ohne Beet und Balkon. Ich träumte von einem grünen Fleckchen. Aber einen Schrebergarten? Viel zu spießig ... Und dann ist mein Nachbar drei Monate in den Urlaub gefahren. Er hatte nur kurz gefragt, ob ich seinen Garten mal gießen könne. Die Anlage lag mit dem Rad keine 20 Minuten von unserer Wohnung entfernt. Mein Freund und ich sagten zu – und waren fortan jeden Abend dort. Die Luft roch so herrlich nach Erde, die Stimmung dort war so friedlich. Als im Herbst 2012 der Nachbargarten frei wurde, 700 Quadratmeter groß, da haben wir gar nicht mehr lang überlegt. Wir wurden Schrebergärtner!

Ich schmiedete sofort Pläne. Abends am Computer plante ich den Umbau der Laube. Als Architektin hatte ich ja die richtige Software parat. Ich wollte das marode Flachdach durch ein spitzeres Satteldach ersetzen, damit wir darunter Platz für eine Schlafkammer haben. Ich träumte von neuen Fenstern, einer Terrasse aus Holz. Mein Freund und ich sind zum Glück handwerklich geschickt. Im ersten Sommer krempelten wir beide den Garten und die Laube um. Zu dieser Zeit baute die Schwester meines Freundes gerade ihr Haus aus und schenkte uns Dachpfannen, Balken und Bretter für den Fußboden. Das sparte viel Geld. Neben den vielen Arbeiten an der Laube buddelten wir auch stundenlang im Garten. Am Eingang grub ich gleich einen Holunder ein

COLOR CODE: MARIES FARBKONZEPT FÜR DIE LAUBE: GRAU-WEISS-HOLZ. DEN BLAUGRAUEN TON FÜR DIE WAND LIESS SIE IM BAUHAUS ANMISCHEN (SWINGCOLOR, „DUST 27.075").

LANDLIEBE Hamburg

WIE AUF DEM LAND

Die Blumenwiese ist ein Versuchsobjekt. Weil der Rasen schwächelte und der sandige Boden zu trocken war, grub Marie die Erde im Herbst um, holte im Frühjahr nicht verrottetes Gras raus, harkte alles glatt und säte Samenmischungen aus: „Wildblumenmischung", „Hummelglück" und „Schmetterlingsgruß". Kornblumen, Leinenkraut, Klatschmohn und Kornrade setzten sich durch. Im Herbst wird die Wiese abgesenst, die Blüten bleiben liegen und vermehren sich so neu.

und daneben 80 Pflanzen Ligusterhecke – die gab's bei Ebay-Kleinanzeigen für schlappe 50 Euro. Mit jedem Spatenstich wurde der Garten mehr meiner. Parallel richtete ich die Laube ein. Ich wollte klare Strukturen, Altes mit Neuem kombinieren. Das Sofa fand ich gebraucht für 100 Euro, die Polster bezog ich einfach neu. Der Esstisch, ein Familienerbstück aus dem Keller, wurde mit einem neuen Anschliff, etwas Öl und weißen Beinen wieder schick. Stühle schenkten uns Eltern und Nachbarn, auf Flohmärkten fand ich Apothekergläser und den Bilderrahmen für das alte Schrebergartenfoto meiner Oma – es passt bis heute einfach so perfekt ins Häuschen. Genau wie der Setzkasten, in dem ich Fundstücke wie Schneckenhäuser oder Vogeleier sammle.

Säen, ernten, einkochen – ich genieße jede Etappe der Gartenarbeit, selbst bei Schietwetter. Sogar Kompost zu sieben bringt mir Spaß. Es fühlt sich so sinnvoll an, Dinge in den Kreislauf der Natur zurückzugeben. Ich bin froh, dass mein Freund das Rasenmähen übernimmt, damit ich anbauen kann: Kohl, Kartoffeln, Zuckerschoten, Salat, Erdbeeren, Mangold, Zucchini, Tomaten, Birne, Apfel, Kürbis, Jostabeere ... Aus der Ernte mache ich Marmelade, gegrillte Zucchini in Öl mit Kräutern und Zitrone, weihnachtlichen Rotkohl, Sirup, Quittenlikör, gedörrte Äpfel. Dadurch habe ich jetzt immer schöne Geschenke. Seit wir einen Garten besitzen, entspanne ich auch viel besser, friere weniger, erlebe die Jahreszeiten intensiver. Einen Fernseher brauche ich gar nicht mehr. Wir feiern sogar Silvester hier draußen und stellen Schwedenfackeln auf. Am schönsten aber sind eben diese lauen Sommerabende. Sobald es dunkel geworden ist, knipse ich die Lichterkette im Walnussbaum an. Dann sitze ich in meinem selbst gebauten Hängestuhl und nehme noch ein paar ganz tiefe Atemzüge. Und dann legen wir uns in der Laube schlafen.

> SOMMERABEND-STIMMUNG: STYLISCHE SCHWARZE LICHTERKETTEN GIBT'S BEIM SCHWEDISCHEN EINRICHTUNGSSHOP GRANIT ODER BEI AMAZON. DIE GLÜHBIRNEN SIND VON EIKO (E27, 7 W). MARIE KAUFTE 10 STÜCK FÜR 6 EURO (ÜBER NCC-DESIGN.DE). „DIE BRINGEN SO SCHÖNES LICHT."

MARIES DIY-TIPP

Das brauchst du: einen ausrangierten Stuhl, der auch nach dem Absägen der Beine noch stabil ist, Säge, Bohrmaschine, je nach Asthöhe ca. 8 m Kunstseil *(Stärke ca. 1 cm)*, Schere, 2 Karabiner, Feuerzeug

SCHAUKELSTUHL FÜR DEN BAUM

TIPP

BEI HÄUFIGEM GEBRAUCH KANNST DU DEN BAUM UNTER DEN SCHLINGEN MIT LEDERSTREIFEN SCHÜTZEN. DER AST SOLLTE MÖGLICHST HORIZONTAL GEWACHSEN SEIN, DAMIT DIE SCHAUKEL GLEICHMÄSSIG SCHWINGT.

1 Zunächst sägte Marie von einem alten, kaputten Gartensessel die Beine ab und bohrte dann etwa 1 cm dicke Löcher durch Armstützen und Lehne.

2 Das Kunstseil schnitt sie in zwei Teile *(3–4 m)*, sengte die Enden per Feuerzeug an, fädelte sie auf jeder Stuhlseite durch die Löcher, verknotete sie. An beide Seilschlaufen kamen mit Ankerknoten zwei Karabiner, damit die Seile darin nicht verrutschen.

3 Als Gegenstück knotete sie zur Befestigung am Baum zwei Schlingen am stärksten Ast fest und hakte den Stuhl ein.

LANDLIEBE Hamburg

HAPPY BAUERNGARTEN
Den Staketenzaun *(von www.biogartenversand.de)* befestigte Marie mit Draht an zwei Pfählen, die sie in die Erde gesetzt hatte. Die Latten schmückte sie mit Tontöpfen oder der Tülle ihrer Zinkkanne.

SO PLANTE DIE ARCHITEKTIN IHREN GARTEN

„Zuerst überlegte ich mir, was bleiben soll: der große Walnussbaum, die zwei Kirschbäume, der Rhododendron, die Quitte, die Magnolie. Die Koniferen und den Wacholderbusch buddelte ich aus und verschenkte sie. Dann fragte ich mich: Was wünsche ich mir? Ich wollte einen Gemüsegarten, einen Obstgarten, einen Sitzplatz mit Rasen. Ich lief durch den Garten, notierte, wo genug Licht für Gemüse und Obst ist *(vorn)*, wo sich die Beerensträucher gut machen *(am Weg)*, wo ich gern sitze *(unterm Nussbaum an der Laube)*. Dann plante ich die Aufteilung am Computer – und pflanzte erste Obstbäume und Beeren. Den Gemüsegarten legte ich wie einen Bauerngarten an: Die Beete fasste ich mit Bergbohnenkraut ein. Es ist essbar, stabiler als Buchs, winterhart und unbeliebt bei Schnecken. Bienen und Hummeln lieben es! Der Rest entwickelt sich immer noch: Ich merke erst im Laufe der Zeit, wo Beete, ein Busch oder Blumen hinpassen. Dann pflanze ich um. Meine Grundregel: wenig quadratische Flächen außerhalb der Beete anlegen, ich bevorzuge geschwungene Wege, damit wirkt der Garten viel natürlicher."

NATÜRLICHE RANKGITTER: BAUMABSCHNITT KREUZFÖRMIG ÜBEREINANDERGELEGT UND MIT BLUMENDRAHT FIXIERT, GIBT BOHNEN UND ERBSEN HÜBSCHEN HALT. DAS GESTELL HAT MARIE AM RAND MIT KUPFERSTÄBEN VERDRAHTET, DIE IN DIE ERDE GESTECKT WURDEN.

KIRSCH-MINZ-MARMELADE „SOMMER IM GLAS"
Rezept auf Seite 207

WER GÄRTNERT HIER?
CHRISTIANE BORGMANN (40),
KOMMUNIKATIONSBERATERIN
AUS MÜNSTER

KLEIN KENSINGTON

⌄

Zitronenmelisse, wohin man schaut. Mannshohe
Malven, türkischer Mohn, alte Obstbäume, eine Wiese
voller Klee. Wer Christianes Garten betritt, sieht
sofort, wie sehr sie das Wilde, das Ursprüngliche liebt.
Kaum zu glauben, dass die Münsteranerin einmal in den
feinen Kensington Gardens in London arbeitete, wo sie
akkurate Formen in Buchsbäume schnitt. Den Job
und die Stadt hat sie später gewechselt, die grüne Liebe
blieb. Seit drei Jahren lebt sie diese im Schrebergarten
aus. Und hat wieder königlichen Spaß dabei.

KLEIN KENSINGTON Münster

AN DIESEM ROMANTISCHEN ORT MÖCHTE MAN DOCH SOFORT PLATZ NEHMEN, ODER? CHRISTIANE HAT IHRE WEISSEN SESSEL (VON GRÜN & FORM, MÜNSTER) UNTER DEN PFLAUMENBAUM GESTELLT, SCHAFFELLE HINEINGELEGT UND DAZWISCHEN EINE UMGEDREHTE OBSTKISTE ALS TISCH AUF DER BLÜHENDEN KLEEWIESE PLATZIERT. DARAUF LIEGEN SELBST GEERNTETE ÄPFEL.

Schon als ich meine erste Englische Rose im Schrebergarten pflanzte, war alles wieder da. Ich konnte fast den Geruch der Londoner Kensington Gardens riechen. Sah mich, wie ich Sträucher beschnitt, Tulpen setzte und Stauden pflanzte oder die Beete vom Unkraut befreite, während ich auf das frühere Zuhause von Lady Di schaute. Ich hatte so viele Gärten gesehen, so vieles über Gartengestaltung gelernt in meinem Praxisjahr in England. Wie ich mich darauf freute, all das in meinem eigenen Garten anzuwenden. Dabei wollte ich nie Gärtnerin werden. Ich wusste nur nicht, was ich nach der Schule tun sollte. Als ich in einer Baumschule jobbte, sagte der Chef: „Mach doch eine Ausbildung bei uns." Ich tat das, fand es toll, sammelte ein Jahr praktische Erfahrungen in den Kensington Gardens und den Royal Botanic Gardens Kew in London. Ich war längst mitten im Studium der Landschafts- und Freiraumplanung, als mir auffiel, wie wenig der Job mit freier Gestaltung zu tun hatte – und wie wenig ich später mal verdienen würde. Da schwenkte ich um, wurde Kommunikationsberaterin und gärtnerte nur noch auf meinem Balkon. Aber ich sollte schnell merken, wie sehr mir die frische Luft und das Grün fehlen.

Vor drei Jahren besuchten wir Freunde, die hier einen Garten besitzen. Saßen bis halb zehn in der Sonne, grillten. Ich dachte: Wie gut es ihnen hier geht, die haben viel mehr Wochenendgefühl als wir. Das wollte ich auch. Ich spazierte durch die Anlage und entdeckte meinen Traumgarten: wild, verwunschen, natürlich. Zum Glück wollte die Besitzerin gerade aufhören. Wir zogen ein. Ein Jahr später hatten wir noch mal Glück: Wir konnten die Nachbarparzelle mit übernehmen. Nun hatte ich über 500 Quadratmeter Platz, um mich auszutoben. Ich wollte den natürlichen Charakter des Gartens erhalten und pflanzte einheimische Sträucher, dazwischen Ableger von Mamas Storchenschnabel, Malven, Pfingstrosen, Minze, Lavendel und duftende Englische Rosen. Wie beim Cottage-Garden-Stil setzte ich in die Rabatten unterschiedlich hohe Stauden und jede Menge Tulpenzwiebeln. Auch wenn ich keinen so akkuraten viktorianischen Garten wie in London wollte, konnte ich doch

> „Gärtnern ist mein Yoga, mein Ausgleich zur stressigen Event-Welt."

JOHANNISBEER-STACHEL-BEER-MARMELADE
Rezept auf Seite 197

**GÄRTNER-KNOW-HOW:
DER AUFBINDEKNOTEN**

Der hält und hält und geht nicht auf. Mit diesem Knoten kannst du sämtliche Pflanzen für den Transport zusammenbinden oder einzelne Triebe an Rankhilfen befestigen. Das Prinzip gleicht dem eines Schlipsknotens: Band hinter Pflanze und Rankhilfe entlangführen. Linkes Ende vor der Pflanze über das rechte legen, unter dem rechten wieder nach oben führen, durch die entstandene Schlinge nach unten führen und festziehen. Für den Knoten kannst du Bast *(verrottet schneller)* oder Gartenschnur verwenden.

CHRISTIANES SORTEN-LIEBLING

Von ihren XL-Brombeeren kann Christiane kaum genug kriegen. Seit sie die Sorte „Loch Ness" *(heißt wirklich so!)* am Spalier pflanzte, nascht hier im Sommer die ganze Familie mit lautem „Hmmm" direkt vom Strauch. Die Sorte ist nicht nur lecker und robust, sondern auch dornenlos und damit besonders für Kinder attraktiv.

KLEIN KENSINGTON Münster

LIEBLINGSPLATZ
Die Terrasse aus Lärchenholz ist mit einer Lasur in Lichtgrau gestrichen, diese nimmt Gebrauchsspuren auf. Christiane: „Ich wollte, dass man sieht, dass hier Menschen leben." Die alten Korbstühle lackierte sie mit Sprühlack in Blaugrau seidenmatt; mit neuen Polstern und selbst genähten Bezügen wirken sie wie neu. Dazwischen steht der rote Gartentisch, ein Fundstück von Ebay, als perfekter Farbtupfer.

CHRISTIANES PROFI-TIPPS FÜR DIE GARTENPLANUNG

- Kombiniere Stauden und Sträucher mit verschiedenen Höhen. Höhere Pflanzen setzt du nach hinten, mittelhohe versetzt, niedrige nach vorn – das ergibt ein lebendiges Bild.

- Berücksichtige Blühphasen von Frühjahr-, Sommer- und Herbstblumen, damit dein Garten lange bunt bleibt. Winterblüher finde ich im Schrebergarten verschwendet, da ist man fast nie dort. Blühkalender gibt's im Internet. Rosen zum Beispiel blühen ab dem Frühsommer, Phlox und Hortensien je nach Sorte ab Juli, Fetthenne im Herbst … Im Idealfall baut eine Blüte auf der anderen auf.

- Wähle robuste, einheimische Pflanzen und nimm ein paar Bienenweiden wie Lavendel, Salbei oder Geranium dazu.

- In der Pflanzzeit *(Oktober/November)*, wenn die Blüte vorbei ist und die Stauden einziehen, kannst du sie gut teilen und mit Nachbarn tauschen. Das spart viel Geld.

- Kaufe keine Pflanzen im Supermarkt. Im Gartencenter oder in Baumschulen ist die Qualität besser. Frage im Herbst unbedingt nach wurzelnackter Ware. Pflanzen ohne Erde sind viel günstiger als Containerware. Halte ihren Wurzelbereich stets feucht und schneide die Wurzelspitzen vor dem Pflanzen frisch an.

KLUGE IDEE: ALS BODEN KAM EINE PRESSSPANPLATTE AUFS FUNDAMENT DER LAUBE – DAS WIRKT WARM, IST ABER KOSTENGÜNSTIGER ALS HOLZ. DIE PLATTE WURDE ZUM SCHUTZ EINMAL MIT KLARLACK GESTRICHEN.

CHRISTIANES DIY-TIPP

SAMENTÜTEN

Das brauchst du: Muster aus Papier (18 x 12 cm plus ca. 1 cm Klebefalz links, rechts und unten ab der Mitte, wenn das Papier hochkant vor dir liegt), Geschenk- oder Packpapier, Bleistift, Schere, Geodreieck, Klebestift, Füller, Dymo-Gerät mit schwarzer Rolle, Marmeladenglasaufkleber, Washi-Tape, wasserfesten Stift

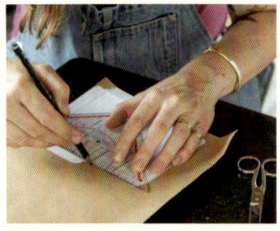

1 Muster auf Geschenk- oder Packpapier legen, mit Bleistift umranden, ausschneiden.

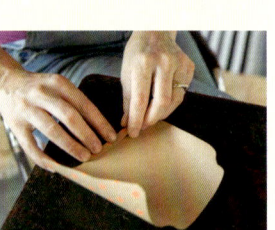

2 Die Klebekanten an der unteren Papierhälfte mit den Fingern oder dem Geodreieck falzen. Dann das Papier so doppelt legen, dass die schmalen Seiten aufeinanderliegen, Mittellinie ebenso falzen.

3 Untere kurze und seitliche lange Falzkante der Rückseite mit Kleber einschmieren. Vorderseite auf Klebekanten pressen. Festdrücken, bis der Kleber hält. Die schmale Seite oben bleibt noch offen.

4 Vorderseite beschriften. Dazu mit dem Füller auf die Marmeladenglasaufkleber schreiben, Dymo-Etiketten stanzen oder Washi-Tape mit dem wasserfesten Stift beschreiben. Aufkleben.

5 Samen einfüllen, die Tüten auf der Rückseite an der oberen Öffnung mit Kleber oder mit Washi-Tape verschließen.

TIPP

HAST DU SEHR VIELE SAMENTÜTEN UND WILLST NICHT ALLE VERSCHENKEN, KAUF DIR DOCH EINE KLEINE BOX AUS HOLZ, STREICHE SIE HÜBSCH UND SAMMELE DIE TÜTEN DARIN.

DIE RICHTIGE GARTENSCHERE

Man kennt das ja: Die meisten Scheren sind nach ein, zwei Jahren Schrott. Christiane schwört auf Felco, einen Klassiker aus dem Gartenbau. Die haben eine gute Qualität, sind langlebig, man kann sogar Einzelteile nachkaufen. Es gibt Modelle für Rechts- und Linkshänder. Christianes Schere hat die Nummer 8, perfekt für Frauenhände. Damit kürzt die Gärtnerin auch Rosen *(nach der Blüte nach dem nächsten Auge oder um zwei Drittel in der Gesamtlänge)*.

EINFACH WENIGER GIESSEN: CHRISTIANE HAT VON IHREM MEISTER DAFÜR EINEN TRICK GELERNT: 1 X HACKEN ERSETZT 2 X GIESSEN. DURCH DIE VERÄNDERUNG DER BODENSTRUKTUR VERSCHLIESSEN SICH DIE POREN, DIE FEUCHTIGKEIT WIRD IN DER ERDE BEWAHRT.

vieles nutzen, was ich über englische Gartengestaltung gelernt hatte. Auf diese Weise würde ich mir mein eigenes Klein Kensington schaffen – aber auf die wilde Art! Die Laube war morsch, es waren Mäuse drin, durchs Dach regnete es rein. Weil wir uns in die Form des Häuschens aber sofort verliebt hatten, beschlossen wir, es nicht abzureißen, sondern es von Grund auf zu renovieren. Die drei Architekten unserer Familie prüften die Statik, dann bekam unser Haus Brett für Brett ein neues Gesicht. Und neue Fenster. Und neue Türen. Als ich die Möbel vom Flohmarkt reinstellte, die ich über Jahre in der Garage gesammelt hatte, fühlte ich mich schon richtig zu Hause. Seitdem sind wir jedes Wochenende im Schrebi. Die Kinder können in der Anlage frei rumlaufen, kriegen überall zu essen, wie früher auf dem Dorf. Mein Mann und ich treffen hier Freunde. Das Freizeitgärtnern wurde meine Form von Yoga, mein Ausgleich zur stressigen Event-Welt. Hier verfliegt jede Anspannung, Zeit verliert an Bedeutung, ich weiß nie, wie spät es ist. Ich liebe es, Unkraut aus den Fugen zu kratzen, finde es so befriedigend, wenn ein Beet fertig ist. Der Garten schenkt mir ganz leicht Erfolgserlebnisse – und macht mich tolerant gegenüber Misserfolgen. Neulich wollte ich Kartoffeln anbauen, ich habe Beete vorbereitet, Pflanzrillen gezogen, alte deutsche Sorten bestellt, die Knollen angehäufelt. Und dann bekamen sie Krautfäule, alles umsonst! Aber das passiert eben auch einer Gärtnerin! Ich bleibe dran.

WER GÄRTNERT HIER?
DAGMAR HEITMANN (42), FLORISTIN AUS DÜSSELDORF, MIT IHRER MUTTER RENATA (72), KREATIV UNTER WWW.DEINHOFLIEFERANT.DE

FAMILIENBANDE

Wenn Dagmar und ihre Mutter Renata Ideen haben, passiert das gern mal gleichzeitig. Lange träumte jede für sich von einem eigenen Garten. Dann beschlossen sie: Wir machen das zusammen. Sie suchten einen Schrebergarten, wurden nach zwei Jahren in NRWs größter Anlage fündig und legten los: Renata grub den Garten um, Dagmar plante die Renovierung des Häuschens, der Rest der Familie packte beim Umbau an. So entstand ein Sommerdomizil, in dem mittlerweile drei Generationen liebevoll zusammen gärtnern.

FAMILIENBANDE Düsseldorf

HOLZLIEBE: DIE TERRASSE VOR IHRER GARTENLAUBE WOLLTE DAGMAR MÖGLICHST NATURNAH GESTALTEN. SIE LIESS DAFÜR ZUNÄCHST EIN BALKENGERÜST BAUEN, AUF DEM BOHLEN AUS DOUGLASIENHOLZ VERLEGT WURDEN. DEN TISCH FAND DIE FLORISTIN BEI EINEM IHRER GESCHÄTZTEN HOLLAND-AUSFLÜGE AUF EINEM GROSSMARKT. DIE GARTENSTÜHLE BEI HABITAT.

Wir haben die Sehnsucht nach einem eigenen grünen Fleckchen nicht aus unseren Köpfen bekommen. Wenn wir an unsere ehemalige Heimat in Polen dachten, erinnerten wir uns an die Zeit bei Oma auf dem Land. Sie hatte einen Garten am Haus, bei ihr gab's immer selbst geerntetes Gemüse und frische Blumen auf dem Tisch. Vielleicht war meine Mutter deshalb Floristin geworden und ich später auch. Durch die Liebe zu den Blumen schlich sich bei jeder von uns der Wunsch nach einem Garten ins Herz. Ich hatte Zweifel: Würde ich das schaffen – neben Haushalt und Job, zumal mein Mann Guido nicht so gartenverrückt war? Also fragte ich meine Mutter, ob das unser nächstes Projekt werden sollte. Wir hatten bereits viele große und kleine Aufgaben zusammen gemeistert – aufwendige Stände auf Weihnachtsmärkten aufgebaut, wo wir unsere handgearbeiteten Filzfiguren verkauften, Palettenmöbel für die Geburtstagsfeier meiner Mutter gebaut. Los ging die Suche. In manchen Kleingartenkolonien standen bis zu 40 Interessenten auf der Warteliste. Als wir nach bereits zweijähriger Suche durch eine Kolonie mit 400 Gärten radelten, hatten wir Glück. Eine Kleingärtnerin, die wir ansprachen, zeigte auf das Grundstück gegenüber. Das würde frei. Bei der Besichtigung erschraken wir: Der Garten war zugewuchert, das Haus verschimmelt, neben 420 Euro im Jahr sollten wir mehrere Tausend Euro Ablöse für die Einrichtung und diverse Gerätschaften zahlen. Wir wurden uns einig, im Sommer 2014 legten wir los. Ich war mit Nele schwanger, meine Mutter wurde gleich die treibende Kraft. Für sie gab es nichts, was unmöglich war, sie wusste für jedes Problem eine Lösung.

Wir schmissen viel weg: die ollen Möbel, die hässliche Plastikvogeltränke, 60 Weckgläser mit uraltem Kompott ... Dann gruben wir den Garten um. Bei einem Glas Wein schrieb jede von uns auf, welche Gemüsesorten wir anbauen sollten. Am nächsten Morgen glichen wir ab. Wir hatten die gleichen Vorstellungen: Kürbisse, Karotten und Tomaten zogen ein, Salat, Rote Bete, Erbsen, Gurken, dicke Bohnen. Auch bei der Laube hatten

„Jeder Besuch ist eine Reise in die Vergangenheit."

ERDBEEREIS AM STIEL
Rezept auf Seite 198

PFLANZTRICK

Kennst du das Problem, dass Pflanzen im Beet oder auf dem Balkon nicht gut anwachsen, sich aber dafür auch nach einem Jahr noch wie ein Topf aus der Erde nehmen lassen? Dieser Trick hilft: Bevor Renata neue Blumen einpflanzt, ritzt sie den Wurzelballen mit einem Messer kreuz und quer ein. Das regt die Verwurzelung an.

KÜRBISDACH

Aus Vierkanthölzern und Gitterwänden war der Torbogen schnell zusammengebaut. Darauf finden jetzt Hokkaidos und Schlangenkürbisse Halt – und lassen sich bequemer ernten. Das freut auch Nele.

FAMILIENBANDE Düsseldorf

WER DENKT DENN HIER IN SCHUBLADEN: MAN KANN SIE AUCH SUPER ALS REGAL STAPELN. DIE PILZE DARIN HAT RENATA AUS LEINEN GENÄHT UND MIT ZERKNÜLLTER ALUFOLIE AUSGEPOLSTERT.

COLOR CODE: DAS SCHWARZ IN DER KÜCHE IST DER TON „06.111" VON SWINGCOLOR. DER SCHLAMMTON IN BAD UND WC HAT DIE NUMMER „04.013.05" VON SCHÖNER WOHNEN.

MEHR GEMÜTLICHKEIT FÜR DIE LAUBE: 6 DEKO-IDEEN VON DAGMAR

1. Gestalte kleine Schreine mit Kostbarkeiten wie Urlaubsmitbringseln, Fotos von einem wichtigen Menschen, einer besonderen Postkarte, einem Blatt oder einem Stück Holz und unterstreiche die Bedeutung dieser besonderen Dinge, indem du eine Glashaube drüberstülpst.

2. Klebe Fundstücke mit dünnen Malerkreppstreifen an die Wand – eine Feder, eine getrocknete Hortensienrispe oder ein Mini-Zapfenzweig sehen zauberhaft zusammen aus.

3. Suche Sachen auf dem Trödel, die du zweckentfremden kannst. Ich pflanze zum Beispiel im Frühjahr gern Hyazinthen in Suppenterrinen oder stapele aus Schubladen kleine Regale, in denen ich Kleinigkeiten in Szene setze.

4. Sammele mehrere Teile einer Art. Bei mir fing es mit einem Strohhut, einem Insektenbild, einer Garnrolle und einer Suppenterrine an. Heute freue ich mich, wie hübsch sie als Gruppe aussehen.

5. Kombiniere Alt und Neu (z. B. altes Regal und modernes Geschirr) und verwende dabei viele Naturmaterialien wie Holz oder Leinen, die wirken gemütlicher.

6. Achte auf warmes Licht, leuchte eine Lieblingsecke an oder stelle kleine Tischlampen auf.

Last but not least: Fahre zum Shoppen nach Holland. Eine meiner Lieblingsadressen für Möbel und Deko: www.vandijkenko.nl/nl/amsterdam, eine alte Fabrikhalle in Amsterdam. Wer einmal da war, der wird süchtig.

DAGMARS DIY-TIPP

LICHTERKETTE MIT BETONFÜSSEN

Das brauchst du:
2 Anmischeimer à 10 l, günstiges Speiseöl oder Butter, Ruck-Zuck-Beton, Gießkanne mit Wasser *(auf 25 kg Beton 3–3,5 l)*, 2 Holzpfähle *(Vierkant- oder Rundholz)*, etwa 2,20 m hoch, schwarze Lichterkette *(6 m)*, schwarze Kabelbinder, 10 Glühbirnen *(20 W)*

1 Die Eimer von innen ölen, damit der Beton beim Trocknen nicht daran festklebt und du ihn am Ende nicht zerschneiden musst.

2 Beton und Wasser im Eimer schichten: Erst eine Schicht Betonpulver von 10 bis 15 cm hineinfüllen, dann etwas Wasser aufgießen. Wenn es eingezogen ist, folgt die nächste Schicht Betonpulver.

3 Nach der zweiten Schicht Beton den Pfahl in die Mitte stellen, eine zweite Person festhalten lassen. Dritte Schicht Beton einfüllen. Nach 3 bis 3,5 Schichten sollte der Eimer voll sein. Wenn der Beton nach einigen Stunden trocken ist, Klotz am Pfahl aus dem Eimer ziehen.

4 Pfähle mit den Betonfüßen an den Stirnseiten deines Tisches aufstellen, Lichterkette mit Kabelbinder am oberen Ende festbinden. Die Glühbirnen in die Fassungen schrauben.

TIPP

DU KANNST DIE LICHTERKETTE ZUSÄTZLICH MIT EINER SELBST GENÄHTEN WEISSEN LEINENGIRLANDE ODER EINER APRICOTFARBENEN PAPIERKETTE VERZIEREN (DIE AUF DEM FOTO IST VON WWW.DILLE-KAMILLE.DE) UND DIE BLUMENDEKORATION IN PASSENDEN FARBEN GESTALTEN.

Düsseldorf FAMILIENBANDE

**PROFI-TIPP VON DER FLORISTIN:
WIE DU EINEN SOMMERSTRAUSS BINDEST**

- Pflücke Blumen, die du magst und die farblich zueinander passen. Entferne die Blätter am unteren Ende des Stiels, lege die Blumen nach Sorten getrennt vor dir auf den Tisch.

- Nimm den ersten Stiel in die eine Hand, lege den zweiten mit der anderen Hand schräg darüber. Nun legst du Blüte für Blüte von der Mitte aus weiter an, dabei drehst du den Strauß, bis er die gewünschte Größe hat.

- Binde die Stiele mit Naturbast zusammen, kürze sie und schneide sie mit der Gartenschere schräg an, damit sie mehr Wasser über eine größere Oberfläche ziehen können.

Frischhalte-Tipp: Schneide welkende Blumen mit einem scharfen Messer schräg an, wickele sie über Nacht fest in Zeitungspapier und stelle sie in frisches Wasser. Am nächsten Morgen sind sie wie neu.

LIEBLINGSMATERIAL: DIE WANNEN, KANNEN UND TÖPFE AUS ZINK FANDEN DIE FRAUEN BEIM METALLHÄNDLER, AUF DEM SPERRMÜLL UND AUF FLOHMÄRKTEN IN HOLLAND. MIT PODESTEN, DIE SIE AUS RESTHOLZ VOM UMBAU BAUTEN, BRACHTEN DIE FLORISTINNEN SIE AUF VERSCHIEDENE HÖHEN.

wir so oft den gleichen Geschmack. Es sollte ein Mix aus Shabby und Modernem werden. Zu meinem Geburtstag wünschte ich mir statt typischer Frauengeschenke wie Handtasche oder Parfum von meinem Mann eine Stichsäge und ein Schleifgerät, um für Holzarbeiten gerüstet zu sein. Bei der Elektrik oder dem Dach holten wir Profis. Der Vorbesitzer, 20 Jahre Gartenbeigentümer, kam alle zwei Tage, um Tipps zu geben. Lieb, aber wir mussten ihn bremsen. Jetzt war unsere Zeit angebrochen. Es war ein Riesenspaß, nach Holland zu fahren, im Großhandel Tische und Lampen zu kaufen, auf Flohmärkten nach Krimskrams zu stöbern. Meine Mutter war mit Begeisterung dabei, als sie die ersten Gurken einlegte, Rote-Bete-Risotto zubereitete und Kirschmarmelade kochte – kleine Gläschen, die sie im Winter vorbeibrachte, als der erste Schnee fiel. Im Frühjahr freuten wir uns gemeinsam, als sich auf der schwarzen Erde endlich das Leben zurückmeldete. Unser Projekt brachte uns noch enger zusammen. Heute ist jeder Besuch im Garten wie eine Reise in die Vergangenheit. Er wurde unser zweites Zuhause, das längst auch mein Mann schätzt. Hier trifft sich die ganze Familie, jeder geht seiner Beschäftigung nach. Ich genieße das Gärtnern mit meiner Mutter. Und hoffe, dass ich das später mit meinen Kindern fortführen kann. Nele zeigt schon Interesse, kraucht durch die Beete, pflückt sich Erbsen, die sie selbst gepflanzt hat. Als wir neulich heimfuhren, hatte sie von all der Erde ganz schwarze Fingernägel, das fand ich großartig. Es erinnerte mich an die Ferien bei meiner Oma auf dem Land. Da bin ich oft mit schwarzen Füßen ins Bett, weil ich jede Minute im Garten sein wollte und abends keine Zeit mehr zum Waschen war.

Gute-Laune-Beet: Hier wachsen Fingerhut, Herbst-Anemonen, Verbenen, Phlox, Astern, Wiesenknöpfchen, Frauenmantel, Dahlien, Astilben, Rittersporn und Rudbeckien. Sie wurden nicht zu eng gepflanzt, damit sie sich so prächtig entwickeln konnten.

WER GÄRTNERT HIER?

NABILA PELZ (32), ANGEHENDE KINDER- UND JUGENDLICHENPSYCHOTHERAPEUTIN AUS DORTMUND, KREATIV AUF INSTAGRAM UNTER STADTMAEDCHENKUECHE

IN VOLLER BLÜTE

Manchmal kommt man auch auf Umwegen zum Schrebergarten. Weil Nabila vom selbst geernteten Gemüse träumte, mietete sie ein Stück Feld. Der Anbau machte Spaß, aber neben der Furche fehlte eine Bank, etwas Schatten, eine Aufenthaltsmöglichkeit. Vor fünf Jahren tauschte sie den Acker gegen ein Gärtchen. Und als Baby Ida unterwegs war, kamen statt arbeitsintensiver Gemüsepflanzen einfach mehr Wildblumensamen in die Erde. Jetzt ackert sie mal ein Jahr lang weniger, schaut aber auf ein buntes Bienenparadies.

IN VOLLER BLÜTE Dortmund

ERST MAL ABHÄNGEN: IHRE ZWIEBELN HÄNGT NABILA ZUM TROCKNEN IN DER SONNE AUF. WENN DER LAUCH GANZ TROCKEN GEWORDEN IST, NIMMT SIE DEN BUND ZUM KOCHEN MIT HEIM.

GUTE HALBE SACHE

Die Windlichter hat Nabilas Mann aus leeren Weinflaschen selbst gemacht. Dafür trennte Thomas mit einem Glasschneider das untere Drittel der Flasche ab und schliff die Kanten mit Schleifpapier glatt. Wichtig: beim Nachmachen unbedingt unter fließendem Wasser schleifen, damit die feinen Glaspartikel nicht in die Lunge gelangen.

Anfangs haben uns unsere Freunde belächelt. Einen Schrebergarten fanden sie altbacken – bis sie das erste Mal zum Grillen hier waren. Und merkten: Eine Parzelle ist ein Stück Freiheit, Natur und Entspannung.

Bei uns begann alles mit dem Wunsch, Gemüse anzubauen. 2012 habe ich beim Projekt „Meine Ernte" 45 Quadratmeter Feld gemietet. Mein Mann Thomas und ich fuhren jede Woche mehrmals an den Stadtrand von Dortmund, um unsere Karotten und den ersten eigenen Kohl zu gießen oder Unkraut zu hacken. Die Handarbeit tat nach einem Tag am Schreibtisch gut, das Gemüse schmeckte herrlich. Doch nach wenigen Monaten fand ich das Ganze beschwerlich. Die einzige Bank auf dem Acker war ständig besetzt. Bei Hitze gab es vor der Sonne kein Entrinnen, es fehlten Schattenplätze und Rückzugsorte.

In diesen Tagen muss bei mir der Wunsch nach einem Schrebergarten entstanden sein. Weil es in Dortmund kaum lange Wartelisten gab, stellte ich mich gleich beim Vorstand der Anlage vor, die zehn Minuten von unserer Wohnung entfernt lag. Ich punktete mit meiner Felderfahrung und durfte mir freie Gärten anschauen. Eine sonnige Scholle von 400 Quadratmetern mit 60er-Jahre-Laube gefiel mir, 2400 Euro Ablöse und 350 Euro im Jahr fand ich okay. Im August 2013 unterschrieben wir den Pachtvertrag. Als wir das erste Mal auf der Terrasse saßen, hörten wir die Fans im Fußballstadion nebenan jubeln. Dortmund pur!

Die Laube war feucht. Wir schmissen Bauernmöbel, Tapeten und Paneele raus, strichen die Wände, stellten wenige Holzmöbel rein. Mit dem Garten hatten wir länger zu tun. Ich fühlte mich beengt von den zwölf riesigen Rhododendren unseres Vorgängers. Wir verschenkten die Büsche an Selbstausbuddler, rissen Steinplatten raus, vergrößerten Beete. Vorn legte ich mir einen kleinen Bauerngarten an – mit Kräutern, Gemüse und Blumen. Dafür machte ich mich auf die Suche nach seltenen Sorten. Ich fand Flower Sprouts, einen Kohl, der wie lila Wirsing aussieht, und Mini-Auberginen, für die ich vorher quer durch die Stadt fuhr, da sie nur ein bestimmter

IN VOLLER BLÜTE Dortmund

> „Anfangs fanden unsere Freunde den Schrebergarten altbacken – bis sie das erste Mal zum Grillen kamen."

SCHWEDISCH GUT
Bett, Küche, Sideboard und die Walnusslehrtafel stammen von Ikea. Die Sonderedition des Posters gibt es nicht mehr, dafür bekommst du andere schöne Lehrtafeln hier: www.hagemann.de/medien/wandbilder/. Die Einrichtung wurde in Grau und Weiß gehalten, das Schwarz setzt nur Akzente.

Türke verkauft. Weil meine Wurzeln in Syrien liegen, koche ich auch gern arabisch: Taboulé, gefüllte Auberginen und Zucchini oder Hummus mit Fladenbrot.

Ich baute Gurken, Zwiebeln, Knoblauch, Kürbis, Salat und Tomaten an. Über das vorgeschriebene Drittel für Gemüse waren wir schnell hinweg. Anfangs gaben mir Nachbarn Tipps über den Zaun, und schon bald hatte ich eine ordentliche Ernte. Letzten Sommer kochte ich sieben Liter Apfelmus, legte Rote Bete und Gurken in Essig ein, machte Himbeermarmelade. Feuerbohnen trocknete ich als Vorrat für den Winter. Oft essen wir unsere Ernte auch gleich im Garten: Auf den Porridge kommen Himbeeren und Brombeeren, abends gibt's Pasta mit Aubergine, Öl und passierten Tomaten oder Zucchini vom Grill. Wenn ich mal wieder durchs Beet krieche und Unkraut jäte, ruft Nachbar Willi: „Mädel, du wirst auch noch ruhiger." Niemals! Ich liebe es, in der Erde zu wühlen. Nur als unsere Tochter Ida unterwegs war, reduzierte ich die Gemüsebeete und säte statt Salat mehr Wildblumen aus. Jetzt wachsen hier Kornblumen, Mohn und Malven, ein wunderschöner Anblick. Aber ich freue mich auch schon auf die nächste Gemüseernte. Wenn ich Sonntagabend meine vollen Weidenkörbe zum Auto trage, schwirren bereits neue Rezeptideen durch meinen Kopf. Auch wenn es dann manchmal die ganze Woche Tomaten bei uns gibt. Seit unsere Pflanzen ein Gewächshaus haben, kommen wir mit dem Essen kaum noch hinterher.

NABILAS DIY-TIP

TISCHDECKEN-BESCHWERER AUS STOFF & SAND

Das brauchst du: Stoffreste, farblich zueinander passend *(18 x 6 cm)*, Nähgarn, Schere, Sand *(z. B. Vogel- oder Spielsand)*, Trichter, Webband *(7 cm lang, 1 cm breit)*, Gardinenhaken mit Klemme *(z. B. „Riktig" von Ikea)*

1 Das Stück Stoff so rechts auf rechts legen, bis sich die schmalen Seiten berühren. Seiten zunähen, Kanten mit Zickzackstich versäubern. Faden abschneiden. Auf rechts drehen.

2 Nun den kleinen entstandenen Beutel über den Trichter mit Sand befüllen. Achtung: Mach ihn nur zu maximal zwei Dritteln voll, sonst läuft dir der Sand beim Zusammennähen in die Nähmaschine.

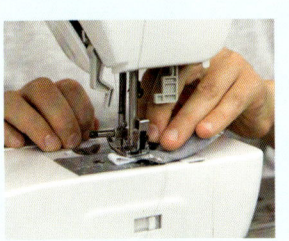

3 An der oberen noch offenen Seite die Kanten nach innen schlagen, die Enden des doppelt gelegten Webbands mittig etwa 5 mm tief einlegen. Naht schließen, dabei das Band mit festnähen.

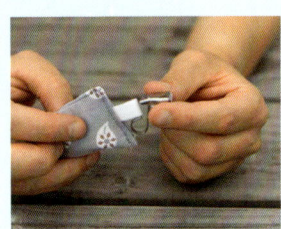

4 Nun noch den Gardinenklipp am oberen Ende der Webbandschlaufe fixieren und das Gewicht am Rand der Tischdecke befestigen.

TIPP

NABILA HAT SANDSÄCKCHEN AUS STOFFEN MIT VERSCHIEDENEN FARBEN UND MUSTERN GENÄHT. BEIM NACHMACHEN SOLLTEST DU DARAUF ACHTEN, DASS ALL DIESE MUSTER MITEINANDER HARMONIEREN, DIE TÖNE AUS EINER FARBWELT SIND UND ZU DEINEN TISCHDECKEN PASSEN, OHNE SICH OPTISCH IN DEN VORDERGRUND ZU DRÄNGEN.

IN VOLLER BLÜTE Dortmund

NABILAS SORTEN-LIEBLINGE

Nabila schwört auf Ysop, ein Gewürz, das sie aus Samen zieht. Es wächst zur hüfthohen Hecke heran, sieht hübsch aus und schmeckt. Sie streut es gern klein geschnitten über Lammfleisch. Ysop ist eine schöne Alternative zum Buchs, der gerade an vielen Orten vom Buchsbaumzünsler kahl gefressen wird. Samen gibt es über *www.kraeuter-und-duftpflanzen.de*

Bei Karsten Ellenberg, einem Bauern aus Barum, fand Nabila alte Kartoffelsorten wie „Bamberger Hörnchen" oder „Blaue Anneliese" – beide zeigten sich als äußerst wohlschmeckend und zugleich unbeliebt bei Kartoffelkäfern. Zum Knollen-Shop geht's via *www.kartoffelvielfalt.de*

Die Basis der herrlich wilden Wiese sind die Saatgutmischungen „Wildblumen. Ohne Gräser und Leguminosen" sowie „Sommerblumen. Bunte Mischung" – bestellbar bei *www.quedlinburger-saatgut.de*

Der Boden wird in Pflanzpausen mit Phacelia versorgt, einer Gründüngung. Aus dem Samen wachsen Pflanzen, die von April bis August als Bienenweide, Bodenbeschatter, Unkrautunterdrücker und Stickstofflieferanten dienen. Die feinen Wurzeln belüften den Boden. Unbedingt die Pflanze vor der Blüte unterharken, sonst kommt sie wieder, wenn schon das nächste Gemüse im Beet wächst. Samen gibt's bei *www.kiepenkerl.com*

HIMBEER-KETCHUP
Rezept auf Seite 205

HIER WIRD KEINER SAUER
Die Zwischenräume ihrer Beete werden mit Schnipseln aus Holzhackschnitzeln gefüllt. Rindenmulch macht den Boden zu sauer.

WER GÄRTNERT HIER?
SILVIA BUCHLI (39),
ERGOTHERAPEUTIN
AUS ZÜRICH

GÄRTLI ZUM GLÜCK

Mit langen Wartelisten oder hohen Ablösesummen musste Silvia sich nicht abplagen. Sie hat gewissermaßen einen Garten geheiratet. Als sie ihren heutigen Mann Sandro kennenlernte, besaß der schon eine Parzelle – in schönster Lage am Käferberg und mit Blick auf den Zürichsee. Wochenlang trafen sich die beiden hier an lauen Sommerabenden für philosophische Gespräche. Bis die patente Schweizerin ihr Herz an den blonden Dokumentarfilmer verlor. Seitdem gärtnern beide zusammen.

GÄRTLI ZUM GLÜCK Zürich

HAUPTSACHE GEMÜTLICH: TISCH, BANK UND TRUHE VOM VORBESITZER PASSEN TOLL ZUR BERGHÜTTENOPTIK. DAZU BAUTE SILVIA AUS BRETTERN EIN REGAL (LINKS IM BILD), NÄHTE GARDINEN UND KISSEN. STOFFE UND SPITZENDECKE SIND VON MIA MOA (WWW.MIAMOA.CH), DIE BILDERRAHMEN VOM ZÜRCHER BROCKENHAUS. DIE GIRLANDE HAT SILVIAS NICHTE GEBASTELT.

Vielleicht hat er mir gleich am Anfang alles zeigen wollen, was er zu bieten hatte. Als ich Sandro 2012 kennenlernte, erzählte er, dass er seit drei Jahren einen Garten im größten Areal der Stadt besitzt – eine Kolonie aus den 50ern mit 850 Lauben, direkt am Hang und mit Seeblick. Kurz darauf trafen wir uns das erste Mal hier. Wir saßen da, haben gegrillt, Wein getrunken und über Platon geredet, während wir über den Mangold und die Gurken hinab auf den Zürichsee schauten. Ich fühlte mich hier sofort zu Hause. Schon meine Oma und Uroma hatten als Bauern Gemüse angebaut, meine Mutter hatte Nachmittage mit dem Einmachen zugebracht, diese ganze Gartenwelt war mir so vertraut. Aber dass ein Mann einen Garten bewirtschaftet – das imponierte mir ganz besonders.

Einen Sommer lang trafen wir uns immer wieder hier, ohne dass etwas zwischen uns lief. Ein Dreivierteljahr später wussten wir, dass das mit uns Liebe ist. Genau genommen hatte ich mich nicht nur in den Mann, sondern auch in seinen Garten verliebt. Und er sich in meine engagierte Art, ihn zu pflegen. Hier wollte ich mich niederlassen! Wir begannen, uns eine neue Welt zu erschaffen. Gestalteten Beete um, füllten Wege mit Kies, diskutierten dabei über den Sinn des Unkrautzupfens, probierten neue Sorten, pflanzten einen Blumengarten.

Das Hüsli war mehr ein Schuppen, in dem Geräte und Bierkästen standen. Ich wollte aus den 6,5 Quadratmetern einen gemütlichen, beseelten, herzlichen Ort machen. Als Erstes strich Sandro die Fensterläden gelb, wir wollten mit dieser Farbe die Bienen anlocken. Und das Dach von innen weiß, damit der Raum heller wird. Im Internet fand ich einen uralten Hochzeitsschrank, den wir auf den Berg schleppten. Wir bauten uns draußen ein Bett und eine Küche, um näher an der Natur zu sein. Seitdem lieben wir es, hier zu übernachten und morgens unter der Gießkanne zu duschen. Oder im Winter drinnen auf Schaffellen Fondue zu essen, überall sind Laternen an und ich spiele Polychord. Sogar Sandro findet das jetzt total gemütlich, früher hatte er das Hüsli gar nicht auf dem Zettel. Manchmal verschenken wir auch Gartenabende an Freunde – mit vollem Kühlkeller und der

BEET-SCHNECKE: EIGENTLICH SIND SIE JA DER FEIND JEDES GÄRTNERS. ABER DIE WEISSEN SCHNECKENHÄUSER FAND SILVIA SO SCHÖN, DASS SIE DIESE AUF STÄBEN INS BEET STECKTE.

SÜSS-SAURE CURRY-ZUCCHETTI
Rezept auf Seite 204

KLEINES SCHREBER-WÖRTERBUCH SCHWEIZERISCH-DEUTSCH

Heugümper = Heuschrecke // Beetli = Beet
Zucchetti = Zucchini // Radisli = Radieschen
Höckerli = Buschbohnen // Wägli = Weg
Peterli = Petersilie // Palögerli = Mirabelle
Chrotäpöschä = Löwenzahn
Randa = Rote Bete // Patati = Kartoffeln
zrugg stutza = zurückschneiden
Flügatätscher = Fliegenklatsche

SPITZEN-IDEE: MÜCKENSCHUTZ FÜRS REGENFASS
Den Tipp bekam Silvia aus ihrem Schrebergartenheft. Darin empfahl die Verbandspräsidentin, eine alte Gardine übers Regenfass zu legen. Diese verhindert, dass Mücken im Wasser Eier legen und sich so vermehren können. Das probierte Silvia gleich aus, aber nicht ohne die Ecken mit hübschen Perlen zu beschweren, die sie mit Draht und Quetschperlen befestigte. Sieht süß aus, vor allem aber fliegt dadurch die Gardine beim ersten Windstoß nicht weg.

> DA WAR DER PROFI DRAN: DIE 12 QUADRATMETER GROSSE BLUMENWIESE LIESS SILVIA VON EINER GÄRTNERIN PLANEN. DAS KOSTETE SIE 150 FRANKEN (129 EURO). SCHENKTE IHR ABER SCHON IM ERSTEN SOMMER PURE WONNE.

SILVIAS DIY-TIPP

Das brauchst du: schnörkelige Tasse mit Untertasse, Zwei-Komponenten-Epoxidharzkleber, Schnur, Schere, kleinen Stein, Vogelfutter

VOGELFUTTER-TASSE

TIPP

„ICH FÜTTERE DIE VÖGEL IN MEINEM GARTEN DAS GANZE JAHR ÜBER, DAMIT SIE HEIMISCH WERDEN. DA ES INZWISCHEN WENIGER INSEKTEN GIBT UND SIE NICHT MEHR SO VIEL NAHRUNG WIE FRÜHER FINDEN, ZEIGEN SIE SICH DANKBAR UND WOHNEN BALD GANZ BEI UNS."

1 Auf der Untertasse einen Klecks Kleber anmischen, Tasse leicht schräg darauflegen und ein paar Minuten halten, bis der Kleber antrocknet.

2 Die Schnur auf die gewünschte Länge für die Aufhängung schneiden. Ein Ende am Henkel der Tasse festknoten, das andere an einem Ast im Baum.

3 Den Stein hinter der Tasse auf der Untertasse ablegen. Er dient dazu, dass die Futtertasse bei der Landung des Vogels nicht sofort das Gleichgewicht verliert.

Zürich GÄRTLI ZUM GLÜCK

BUNTE RANKHILFE

Dafür malte Silvia Holunderäste verschiedener Längen in Weiß, Blau und Gelb mit Acryllack an. Sie legte diese mit etwas Abstand so auf den Boden, dass die kürzeren Enden oben liegen, und knotete links und rechts schrittweise eine lange Schnur um jeden Ast, bis sich daraus ein Dreieck ergab. Dann band sie die Schnur oben zusammen und hängte die Rankhilfe am Haken an die Laube. Seitdem fühlt sich die Clematis daran wohl.

„Wir erleben die schönsten Sommer hier."

Erlaubnis, zu ernten, worauf sie Hunger haben. Darüber freuen sich alle! Hier oben entstehen immer gute Gespräche, wir erleben oft, wie offen man hier wird. Als ich mein Geschäft aufbaute und manchmal zweifelte, musste ich nur zum Garten hochgehen, und die Zuversicht kam zurück. Und das Glücksgefühl begleitet mich hier eh immer. Es stärkt mich, zu sehen, wenn Blumen, die meine Hilfe bekommen, mich im Gegenzug mit wunderschönen Blüten belohnen. Es freut mich, eine Kartoffel in die Erde zu setzen, aus der zig neue wachsen. Es erfüllt mich mit Dankbarkeit, dass ich ein Teil von alldem sein darf. Eigenes Essen zu pflanzen fühlt sich so natürlich an. Inzwischen baue ich sogar Artischocken und Topinambur an – echte Delikatessen. Und koche Salatgurkensuppe mit Weißwein, so was hab ich früher nie gemacht. Am Anfang probierte ich vieles einfach aus, später las ich Mischkulturbücher, fragte meine Mutter und die Nachbarn, fuhr auf den Setzlingsmarkt der Zürcher Gartenbau-Hochschule, machte Pläne fürs nächste Jahr. Heute gärtnere ich auf unseren 220 Quadratmetern viel bewusster und kann den Biokreislauf richtig spüren. Ich liebe es, dreckig sein zu dürfen, mit alten Klamotten rumzulaufen. Im Sommer fahren wir gar nicht mehr weg, um ja nichts zu verpassen. Für diesen Ausblick zahlt mancher Millionen. Wir haben für 480 Schweizer Franken, nicht mal 500 Euro, das schönste Freiluftwohnzimmer Zürichs und genießen die schönsten Sommer hier.

Die Freude am Philosophieren teilen wir im Garten immer noch – wenn einer auf dem Freiluftbett liegt und der andere Bohnen fürs Abendessen schnippelt. Und zwischendurch schauen wir ins Tal und sagen: „Ach, wie ist das schön." Wir haben es einfach so gut, in unserem Gärtli zum Glück.

MITTSOMMER-TRAUM

Das rote Häuschen leuchtet bis auf den Weg.
Und hinter der Gartenpforte sieht es erst recht aus
wie in Schweden: Gelber Sonnenhut reckt seine Köpfe in
den Himmel. Bunte Girlanden hängen zwischen den
Bäumen. Der Tisch ist mit Spitzendecke, Kräutern
und Blütengläsern gedeckt. Genauso schön geht es in
der Laube weiter. Vor lauter nordischer Gemütlichkeit
könnte man glatt ein Mittagsschläfchen auf dem
romantischen Bett halten. Man kommt nur nicht dazu:
In Simones Idylle gibt's viel zu viel zu sehen.

MITTSOMMER-TRAUM Braunschweig

TOLLE TISCH-IDEE: DIE BASIS DIESER HÜBSCHEN DEKO BILDET EINE WEISSE PAPIERTISCHDECKE. DARAUF HAT SIMONE MIT MASKING TAPE ROSMARINZWEIGE GEKLEBT UND MIT TINTE KLEINE BOTSCHAFTEN („MMMH" ODER „LECKER") UM DIE TELLER GESTEMPELT. DIE BRINGEN DIE GÄSTE ZUM GRINSEN.

Dieses Bild hatte ich gleich im Kopf. Schon als ich anfing, von einem Garten zu träumen, sah ich alte Bäume vor mir, auf denen die Kinder kletterten, dazwischen ein Schwedenhäuschen. Genau diesen Wunsch erzählte ich dem Fachberater dieser Anlage im November 2015, woraufhin er lachte. Aber nicht, weil ich zu konkret träumte. Er hatte von dieser Sorte Garten gleich drei. Als ich durch die Pforte des ersten Gartens kam, wusste ich schon: Hier will ich bleiben. Die Beete sahen trostlos aus, aber das Haus zog mich an. Es war in Rot gestrichen, meiner Lieblingsfarbe. Der Anstrich blätterte leicht ab, das gefiel mir als Vintage-Fan. Innen würde ich die Wände weiß streichen, genau wie die Rahmen der großen Fenster. Und die Einrichtung müsste schwedisch, freundlich und bunt werden, ein Mix aus alten, neuen und selbst gebauten Möbeln. Hier sollte Gemütlichkeit einziehen. Wir durften noch im Winter loslegen. Es war wenig zu sanieren, also strichen wir los. Ich hatte mal gehört, dass man eine Kleinigkeit vom Vorbesitzer behalten sollte, damit seine Seele im Garten weiterlebt. So landeten die alten Holzschubladen, die er hinterlassen hatte, als Regale an der Wand. Wir kauften eine kleine Küche und ein Bett bei Ikea, auf Blogs und in Büchern fand ich Deko-Ideen. Als alles fertig war und wir beim ersten Regen mit Kaffee und Kakao drinnen saßen, fühlten sich alle wohl: mein Mann Kristof und ich genauso wie unsere Töchter Emma und Marla und meine Mama Edith. Ich hatte den Garten nämlich mit Mama übernommen. Ich wusste, dass ich es neben Beruf und Familie allein nicht schaffen würde, ihn zu bewirtschaften. Sie war mit über 70 gerade nach Braunschweig gezogen und suchte Anschluss. Also machten wir ein Gemeinschaftsprojekt draus: Ich war fürs große Ganze zuständig, mein Mann für Werkarbeiten, Mama wurde die Fachfrau für die Pflanzenpflege. Jeder von uns bekam einen Schlüssel.

Im Frühjahr freuten wir uns zusammen, als rund ums Haus die Spitzen von Pfingstrosen aus der Erde kamen. Ich puhlte Kerne aus Cocktailtomaten und Zucchini und zog auf der Fensterbank Setzlinge vor. Wir

DINKEL-KRÄUTER-BROT MIT SAUERKIRSCH-FEIGEN-CHUTNEY
Rezept auf Seite 200

ICH BIN MAL KURZ ERNTEN

Für ihre Streifzüge zum Hochbeet nimmt Simone ihren Erntekorb mit, um das Gemüse darin zu verstauen. Darin bekommt Mangold oder Salat keine Druckstellen. Ähnliche Drahtkörbe findest du bei Ebay oder auf Flohmärkten.

„Für mich ist der Dreck unter den Nägeln viel schöner als Nagellack."

SIMONES ERNTE-TIPP: „ICH HABE UNTERSCHÄTZT, DASS IM GARTEN ALLES GLEICHZEITIG REIF WIRD UND MAN MIT DEM ESSEN GAR NICHT HINTERHERKOMMT. DESWEGEN FRIERE ICH SAUERKIRSCHEN ODER BEEREN OFT ERST MAL EIN UND ÜBERLEGE MIR DANN IN RUHE, WAS ICH SPÄTER DARAUS MACHEN WILL."

MITTSOMMER-TRAUM Braunschweig

SCHLÄFCHEN GEFÄLLIG?
Auf dem romantischen Bett *(Ikea)* kann man das müde Kreuz nach dem Jäten und Graben herrlich zwischen Decke und Kissen ausruhen *(H&M Home, Hema)*. Die Papiergirlande im Fenster *(Hema)* sorgt für gute Laune.

SIMONES SCHWEDENSTIL: 2 TIPPS ZUM NACHSTYLEN

Treib es auf die Spitze. Wühle auf Flohmärkten oder in Omas Schrank nach alten Deckchen und Tischdecken mit Häkelspitze. Die lassen deine Tische lieblicher aussehen.

Schau tief ins Glas. Ein Farnblatt in einem alten Gurkenglas, ein paar Blüten in einer Sektschale mit Wasser – mit Gläsern kannst du Pflanzen toll inszenieren.

SELBST GEBASTELTE SAMENTÜTCHEN: DIE HAT SIMONE AUS SEITEN EINES ALTEN PFLANZRATGEBERS GEKLEBT, DEN SIE IM ANTIQUARIAT FAND. TOLL EIGNEN SICH AUCH BÜCHER MIT ALTEN ILLUSTRATIONEN, DIE ES OFT AUF FLOHMÄRKTEN GIBT. DIE FERTIGEN TÜTCHEN WERDEN BESTEMPELT ODER KRIEGEN AUFKLEBER, AUF DENEN DER NAME DER SORTE STEHT.

SIMONES DIY-TIPP

Das brauchst du: 1 dicke Baumscheibe, ca. 40 cm Durchmesser *(z.B. bei Ebay)*, Sandpapier, 2 Beine vom Ikea-Hocker „Marius" *(4,99 Euro)*, 5 Schrauben *(etwa doppelt so lang wie die Scheibe dick)*, Akkuschrauber

BAUMSCHEIBEN-TISCH

TIPP

WENIGER WACKELT ES, WENN DU ZUERST DAS ERSTE BEIN FESTSCHRAUBST, BEVOR DAS ZWEITE FOLGT. WILLST DU DEN TISCH VOR KAFFEERÄNDERN UND ÄHNLICHEM BEWAHREN, KANNST DU IHN MIT KLARLACK STREICHEN.

1 Die Baumscheibe mit dem Sandpapier glatt schleifen.

2 Scheibe mit der künftigen Oberseite nach unten auf den Boden legen. Das erste Bein mittig auf die Unterseite platzieren, das zweite Bein im Kreuz darüber.

3 Nun beide Beine an der Holzplatte fixieren. Dafür durch jedes Loch eine Schraube führen und mit dem Akkuschrauber festschrauben. Die Schraube in der Mitte führt dabei durch beide Beine.

UMSONST-LAUTSPRECHER
Keine Bluetooth-Box dabei? Es geht auch günstiger. Simone hat ihr Handy mit dem Soundausgang nach unten in ein leeres Wasserglas gestellt. Es bündelt die Geräusche, so entsteht ein kräftiger Klang.

WIE MAN KINDERN DEN GARTEN SCHMACKHAFT MACHT: SIMONES MANN KRISTOF BAUTE EMMA UND MARLA AUS BAUDIELEN EINE WERKBANK. DARAN WERKELN DIE MÄDCHEN HEUTE BEI JEDEM BESUCH GERN. BASTELN ETWAS AUS HOLZRESTEN ODER ALTEN BAUKLÖTZEN UND HABEN SPASS. AUSSERDEM BEKAM JEDE ZU WEIHNACHTEN EINE EIGENE KLEINE GARTENTASCHE MIT GERÄTEN GESCHENKT. DAMIT ZIEHEN SIE OFT IN DIE BEETE LOS.

bauten auch Gemüse an, das es im Supermarkt nicht gab: bunten Mangold, lila Kartoffeln, Rote Melde. Es gibt kein schöneres Gefühl, als ein Samenkorn in die Erde zu setzen, zu beobachten, was daraus wächst, oder sich zu freuen, dass sogar die schnöde Salatgurke selbst geerntet doppelt so gut schmeckte wie gekauft. Meine Kinder lernen nun, wie Gemüse wächst. Sie sammeln hier Stöcke, erkunden die Gegend oder beobachten Tiere. Wir haben Kohlmeisen, Frösche, Mäuse, einen Specht, Bienen, Libellen und Schmetterlinge. Letztes Frühjahr brütete sogar eine Stockente auf dem Kompost. Zweimal am Tag kommt der Eiswagen vorbei. Meinem Mann gefällt besonders das Werkeln mit Holz und die Stimmung am Lagerfeuer, wenn er dazu auf seiner Ukulele spielt. Meine Mutter genießt das Kaffeetrinken mit den Gartenfrauen und die regelmäßigen Treffen mit Gleichaltrigen, sie ist schon mit allen per Du.

Für mich ist der Dreck unter den Nägeln inzwischen viel schöner als Nagellack. Ich liebe es, wenn wir alle über dem Feuer Brot backen, freue mich sogar darüber, dass ich das schmutzige Geschirr nur in einer Schüssel am Wasserhahn draußen abwaschen kann. Das fühlt sich so schön nach Camping an. Im Garten schalte ich vom Job ab, kriege den Kopf frei. Wenn ich ganz versunken Unkraut jäte, schleichen sich neue Fotoideen in meine Gedanken. Denn auch in meinen Porträts versuche ich immer, die Natur miteinzubeziehen.

Es ist nur lustig, dass sich so viele in unserem Garten an Bullerbü erinnert fühlen. Mein Einrichtungsstil ist nämlich purer Zufall – ich war ja noch nie in Schweden. Unsere Freunde fahren jedes Jahr hin. Als sie uns neulich besuchten, riefen sie schon am Gartenzaun: „Hier sieht's ja aus wie in unserem Ferienhaus." Ich scheine alles richtig gemacht zu haben.

LEBE KUNTERBUNT: SCHNEIDE MIT EINER STOFFSCHERE STREIFEN AUS BUNTEM STOFF ODER ALTEN GESCHIRR-TÜCHERN UND KNOTE SIE AN EINE SCHNUR IM GARTEN. AUCH MIT BUNTEN PAPIERGIRLANDEN ENTSTEHT RUCKZUCK EIN GEFÜHL VON MITTSOMMERNACHT.

EIMSBULLERBÜ

Jedes Mal, wenn Patricia mit ihrem Kaffee auf der Terrasse sitzt, horcht sie in die Stille. Hier brettern keine Autos über vierspurige Straßen wie vor ihrer Wohnungstür. Und auch der Ausblick ist pure Entspannung: Statt auf graue Häuserwände blickt sie auf die neue Laube, die sie mit Freunden in Granitgrau strich. Auf die Rose, die gerade so gut angewachsen ist. Und auf die Kinder, die unterm Apfelbaum spielen. Wie schade wäre es, all das wieder zu verlieren. Aber der Tag wird kommen: Die Stadt hat das Gelände an den Konsumgüterkonzern Beiersdorf verkauft.

EIMSBULLERBÜ Hamburg

TOMATEN AUS DER KISTE: FÜR DIESE PFLANZKÄSTEN EINFACH ALTE OBSTKISTEN WEISS ANSPRÜHEN, MIT FOLIE AUSKLEIDEN, LÖCHER REINPIKEN, MIT TOMATENERDE BEFÜLLEN UND PFLANZEN EINSETZEN.

WO GIBT ES COOLE FERTIGHÄUSER?
Patricias Holzlaube, Typ „Ottensen", ist 18 Quadratmeter groß *(inklusive Schuppen)* und nimmt zusammen mit dem bei Regen sehr praktischen Vordach 24 Quadratmeter ein, was dem Standard der Bebauung entspricht. Die Laube kostete 13 000 Euro und ist von der Firma Zweithaus *(www.zweithaus.com)*.

BLAUBEER-ROSMARIN-LIMO
Rezept auf Seite 205

Meine Freunde waren ganz schön überrascht, als ich ihnen erzählte, dass ich einen Kleingarten suche. Ich bin nämlich gar kein Naturmensch, ich fahre voll aufs Stadtleben ab. Aber seit ich Kinder habe, will ich immer raus – und Lärm geht mir zunehmend auf die Nerven. Wir wohnen an einer vierspurigen Straße, hören die Autos bis in unser Wohnzimmer. Das nervte mich jedes Jahr mehr, und so suchte ich 2013 eine nahe Anlage, um mich auf die Warteliste setzen zu lassen. 110 Parzellen gab es dort, doch es sollte ein Jahr dauern, bis man uns eine anbot. Eine Freundin, deren Tochter mit Mattis in den Kindergarten geht und die im selben Verein Mitglied war, ließ mich solange bei ihr mitgärtnern. Wir wechselten uns beim Rasenmähen ab, grillten zusammen, die Kinder spielten gemeinsam – das war eine super Zwischenlösung.

Im Oktober 2014 gab es eine Zwangsräumung, weil jemand die Pacht geprellt hatte. Wir meldeten sofort Interesse an, obwohl die Parzelle wüst aussah. Die 470 Quadratmeter waren von Koniferen durchzogen und derart von Himbeeren zugewuchert, dass man nicht mal den Schuppen fand. Wir schlugen alles frei, fuhren 15 Hektar Grünschnitt weg, rissen die feuchte Laube ab, räumten das Fundament. Dann karrten wir frische Erde an, ließen Strom und Wasser neu verlegen, suchten eine passende Laube. Der Verein schrieb eine Wandstärke von mindestens vier Zentimetern vor, da ging keine billige Baumarktlaube. Ein befreundeter Architekt entwarf unser Traumhaus, aber das wäre viel zu teuer geworden. Danach stieß ich im Internet auf einen Anbieter für eine moderne Holzlaube mit Vordach und großen Fenstern. Die gefiel uns. Das Aufstellen dauerte zwei Wochen.

Im Garten entwickelten mein Mann und ich eine gute Arbeitsteilung: Ich kaufte Rosen, er pflanzte sie ein, während ich kluge Ratschläge von der Bank aus gab. Als Neulinge mussten wir viel lernen. Zum Glück hatten zwei erfahrene Kleingärtner aus der Anlage Mitleid. Sie halfen beim Kahlschlag und Abriss, bauten einen neuen Wasserhahn, reparierten den Zaun, beschnitten unsere Bäume und holten ihre Pumpe, als nach dem Regen alles

COLOR CODE
Die Laube ist außen mit Remmers Sonderfarbton „HK-Lasur Granitgrau" gestrichen. Für die Innenwände wurde das transparente weiße Wohnraumwachs von Osmo verwendet, das dem Holz den leicht weißen Ton verleiht.

EIMSBULLERBÜ Hamburg

MODERNE RANKHILFE: VERROTTET NICHT UND SIEHT SUPER AUS: PATRICIAS MANN ANDREAS HAT SEGELTAU AUS NYLON ZWISCHEN ZWEI PFOSTEN GESPANNT. DARAN FINDEN DIE ROSEN HALT.

„Dieser Garten ist mein kleines Bullerbü, mitten in der Stadt."

unter Wasser stand. Ein Nachbar schenkte uns einen alten Tisch und Stühle, damit wir sitzen konnten. Ohne sie und unsere Freunde wären wir nie fertig geworden.

Der Aufbau war harte Arbeit. Aber jetzt, nachdem alles fertig ist, ist der Garten mein kleines Bullerbü mitten im Bezirk Eimsbüttel. Und so war ich ganz schön traurig, als die Stadt das Gelände wenig später als Erweiterungsreserve an Beiersdorf verkaufte. Falls das Unternehmen vor Ablauf der festgelegten 20 Jahre hier baut, muss es jeden Kleingärtner mit einem Stück Land aus seinem Bestand und dem Schätzwert der Laube entschädigen. Aber das tröstet wenig, diese Gärten würden außerhalb der Stadt liegen. Und wir hängen an dem, was wir aufgebaut haben. Zudem finde ich die Entwicklung auch für den Stadtteil schade. Schon jetzt ist hier alles so zubetoniert, dass nicht mal Regenwasser normal ablaufen kann. Mein Mann engagiert sich nun in einer Initiative gegen den Kahlschlag der Grünflächen. Die weitere Gartenplanung haben wir erst mal gestoppt.

Dabei wollen wir diesen friedlichen Ort mitten in der Stadt nicht missen. Die Stille tut uns gut. Wir zelebrieren hier mit Freunden die Apfelernte oder schütteln Zwetschgen vom Baum, um Mus daraus zu kochen. Unser Garten ist eine offene Gemeinschaft, Besuch immer willkommen, die Kinder haben stets Spielkameraden da. Regelmäßig dabei ist eine Freundin, die von Anfang an mitplante und half. Sie gärtnert mit und beteiligt sich an den Kosten. Das Schrebergarten-Sharing geht weiter. Am Wochenende schicken wir SMS: „Bist du da, wollen wir grillen?" Eine bringt Kuchen mit, die andere Würstchen, und dann buddeln wir zusammen. Das alles würde ich vermissen. Aber erst mal abwarten, was wird.

ZUM ABHÄNGEN
Statt langweiliger Haken für Geschirrtücher befestigte Patricia zwei Lederschlaufen (*Dawanda*) an der Wand. Dafür schnitt sie diese auf Länge, stanzte mit der Lochzange je einen Zentimeter vorm Ende ein Loch, legte die Enden aufeinander und führte durch die Löcher eine Schraube, um die entstandene Schlaufe an der Wand zu befestigen.

PATRICIAS DIY-TIPP

GESCHIRRTUCH-SCHÜRZE

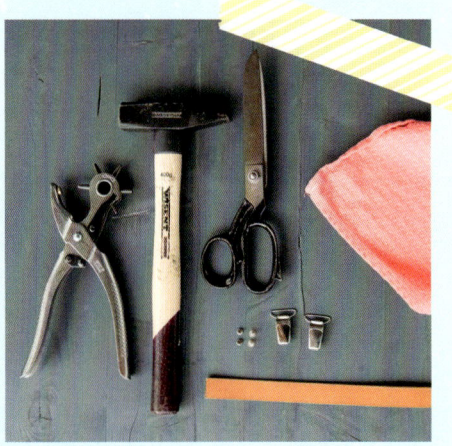

Das brauchst du: Lederband *(ca. 0,5 m)*, Schere, Lochzange, 2 Klipps, 2 Hohlnieten 6 x 6 mm, Hammer, Geschirrtuch

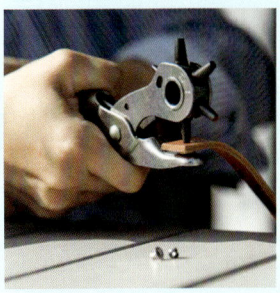

1 Den Lederstreifen mit der Schere auf eine Länge schneiden, die etwas länger ist als dein Rücken breit. Bei mir waren es 46 cm. In beide Enden mit der Lochzange 1 cm vom Außenrand mittig ein Loch vom Durchmesser der Hohlnieten *(6 mm)* stechen. Danach im Abstand von etwa 5 cm jeweils ein zweites Loch stanzen.

2 Den ersten Klipp über das erste Ende fädeln. Dabei muss sowohl die Lederoberseite als auch die Klippoberseite nach oben zeigen.

3 Nun das Ende des Lederbands links auf links umlegen, bis Loch auf Loch liegt. Eine Niete durchführen und mit dem Hammer festschlagen. Diesen Vorgang am anderen Ende des Lederstreifens wiederholen.

4 Am ersten Klipp das eine Ende des Geschirrtuchs befestigen, das andere Ende hinterm Rücken herumführen und am zweiten Klipp das andere Ende des Tuches festklicken. Fertig ist die Schürze.

TIPP

DIE SCHNELLE SCHÜRZE KANNST DU NICHT NUR FÜR GARTENARBEITEN NUTZEN, SONDERN AUCH SUPER IN DEINER KÜCHE ZU HAUSE ANWENDEN. EIN GESCHIRRTUCH HAT JEDER, UND DER LEDERRIEMEN IST RUCKZUCK GEMACHT.

EIMSBULLERBÜ Hamburg

WOHLFÜHL-ECKE FÜR KINDER

Eigentlich wollten Patricia und Andreas nur einen Schlafplatz für die Kleinen unterbringen, als sie das Hochbett bauten. Inzwischen hat der Große es als Spielboden entdeckt, wo er gern mit Besucherkindern Lego spielt oder Bücher anschaut. Dank ein paar Bilderleisten drüber und Schränken drunter *(Ikea)* wurde der Platz nicht nur gemütlich, sondern auch klug genutzt.

NORDISCH BY NATURE

Auch die Einrichtung im Holzhäuschen ist größtenteils aus Holz. Küche, Schränke und Sofa stammen von Ikea, die 70er-Jahre-Garderobe von Freunden, der Tisch aus Patricias Studentenbude, die Stühle vom Flohmarkt. Kissen und Decken hat sie selbst genäht. Die Ringe, an denen die Lampen überm Bett hängen, sind von Hay und heißen „gym hook", die Lampen („*Loooqs*") hat Patricia bei Connox bestellt. Das Messagebord „Na gut" stammt von Design Letters, die Lightbox von A Little Lovely Company. Der Korbtisch vor dem Sofa ist von Ferm Living, genau wie die Holzhaken an der Wand.

WER GÄRTNERT HIER?
KATRIN OSBURG (37), LEITERIN EINER MARKETINGAGENTUR AUS DÜSSELDORF, KREATIV ALS LADYBUG0408 AUF INSTAGRAM

AUF DEM HOLZWEG

Schon auf der Schwelle dieses Gartenhauses eröffnet sich eine neue Welt. Der Blick bleibt sofort an der Küche haften, deren altes braunes Holz so wunderbar zu der modernen schwarzen Spüle passt. Vor dem grauen Leinensofa brennt ein Feuer im Kamin, hinter der schweren Stalltür betreten Besucher ein hübsches kleines Bad. Katrin hat sich mit ihrem Mann Christian ein gemütliches Refugium im Wabi-Sabi-Stil geschaffen. Was das alles mit ihrer abgesagten Hochzeitsreise nach Japan zu tun hat, das erzählt sie hier.

AUF DEM HOLZWEG Düsseldorf

SCHÖN NACHHALTIG: DIE KÜCHENFRONTEN, ARBEITSPLATTE UND DAS REGAL HAT KATRINS BRUDER AUS ALTEM HOLZ GEBAUT, DAS AUF DEM DACHBODEN DES GARTENHAUSES LAG. ER BEIZTE ES DUNKEL, SCHRAUBTE ES MIT KORPUSSEN UND EINEM SCHWARZEN SPÜLBECKEN (IKEA) ZUSAMMEN. ALS DEKO DURFTEN NUR ALTE TEILE WIE DAS KÜCHENBRETT VON OMA DARAUF. ELEKTROGERÄTE WIE DER WASSERKOCHER MÜSSEN NACH IHRER BENUTZUNG WIEDER IM SCHRANK VERSCHWINDEN, DAMIT DER RUHIGE EINDRUCK NICHT ZERSTÖRT WIRD.

Mein Mann und ich sind im thüringischen Eichsfeld auf dem Land aufgewachsen – mit Haus, Hof und Tieren. Unsere Eltern hatten einen Garten, Natur gehörte für uns zum Leben dazu. Als wir zum Studium nach Hannover und später für den Job nach Düsseldorf zogen, hat uns so eine grüne Oase gefehlt. Aber aufs Land ziehen? Das war für uns Stadtmenschen, die schöne Cafés, Restaurants und Museen lieben, keine Option. Als mir irgendwann unser Balkon zu klein wurde, mieteten wir ein Stück Feld zum Gemüseanbau. Das war jedoch wenig erholsam. So begann ich eines Tages, über einen Schrebergarten nachzudenken.

Bei einer Radtour am 3. Oktober 2015 kamen wir an dieser wunderschön gepflegten Anlage vorbei. Ich fühlte mich sofort wohl. Zu Hause schrieb ich einen handschriftlichen Brief an den Vorstand, erklärte, warum wir perfekte Kleingärtner für eine der 76 Parzellen wären. Wir wurden passive Mitglieder, landeten auf Platz zwölf der Warteliste. Wir legten uns ins Zeug, gingen zu Sitzungen und Vereinsfesten, schickten Neujahrsgrüße. Ein Jahr verging, auch das nächste Frühjahr, es passierte nichts. Am 6. Juni 2016, ich saß gerade im Meeting, rief mein Mann an. „Wir gucken heute Abend einen Garten an", sagte er. Ich juchzte, konnte mein Glück kaum fassen. 330 Quadratmeter nur für uns. Als der Vorstand die Pforte aufschloss und ich den blühenden Rosenbogen sah, war ich überzeugt: Das ist unser Garten. Etwas Überredungskunst in Richtung Ehemann, und fünf Tage später kamen wir mit der Ablösesumme wieder.

Die ersten vier Wochen haben wir den Garten nur bestaunt und Pläne geschmiedet. Mein Mann und ich sind große Japan-Fans, 2011 wollten wir unsere Hochzeitsreise dorthin machen. Dann kam am Tag vor der Abreise der Tsunami, wir mussten alles absagen. Die Sehnsucht nach Japan blieb. Wir liebten die Art des Wohnens dort, besonders den Wabi-Sabi-Stil, bei dem man ganz reduziert mit vielen Naturmaterialien und gebrauchten alten Dingen lebt. Diese nachhaltige Idee gefiel uns. Sie passte super zu dem kleinen Gartenhaus.

Die Bauphase dauerte fünf Monate. Wir ließen die Elektrik neu machen, gossen Estrich auf den Boden, putzten,

„Vor wichtigen Meetings hole ich mir hier am Vorabend Kraft."

RÖSTKARTOFFEL-SALAT MIT HASELNUSS-MANGOLD-PESTO
Rezept auf Seite 199

ÖKO-TIPP
„Ich werfe gern Eierschalen in die Gießkanne. Die Nährstoffe bereichern über das Wasser den ganzen Boden. Rosen dünge ich mit Kaffeesatz, der einfach aufs Beet kommt."

KLOSTERTÜR
Die kleine jahrhundertealte Eichentür auf der Terrasse hat Katrin beim Heimatbesuch in einer Eichsfelder Kapelle entdeckt. Sie sollte zu Brennholz verarbeitet werden, Katrin durfte sie mitnehmen.

AUF DEM HOLZWEG Düsseldorf

SETZT EUCH DOCH
Für Gäste deckt Katrin gern ihren Pflanztisch aus alten Bohlen ein. Diesmal hat sie ihn mit Kräutertöpfen, Stoffservietten und Kerzen in Gurkengläsern geschmückt. Dazwischen legte sie Kürbisse – und auf die Teller Zweige von Lavendel.

HIER SHOPPTE KATRIN FÜR IHREN GARTEN

www.boheme-living.de
(Melkschemel, Bank am Fenster, Tablett auf dem Außentisch)

www.gartenzauber.com
(Aufhängung für Gartengeräte, silberne Pflanztöpfchen)

www.facebook.com/thomas.zwingmann.holzbau *(Holzlaterne, Terrassentisch, Tischlampe)*

www.the-golden-rabbit.de
(Handschuhe, Eisenschere, englischer Erntekorb)

VERWITTERTES HOLZ IST DAS BELIEBTESTE MATERIAL IN KATRINS GARTEN. ES FINDET SICH AUCH IM SELBST GEBAUTEN PFLANZTISCH ODER DEM VOGELHÄUSCHEN WIEDER.

KATRINS DIY-TIPP

KRÄUTER-LATERNE

Das brauchst du: kleinen Luftballon, Kosmetiktücher, Serviettenkleber, Pinsel, gepresste Kräuter, Draht zum Aufhängen

1 Den Luftballon so lange aufpusten, bis er etwa die doppelte Größe einer Faust hat. Verknoten.

4 Zum Schluss auf die gleiche Weise die gepressten Kräuter festkleben und am Ende noch einmal vorsichtig mit einer Schicht Kleber überpinseln.

2 Kosmetiktücher in kleine Stücke reißen.

5 Den Luftballon mit dem Knoten nach unten in ein Glas stellen. Das Papier drei bis vier Tage trocknen lassen. Luftballon entfernen.

3 Luftballon bis etwa zur Mitte mit Serviettenkleber einpinseln. Papiertuchfetzen drauflegen und leicht andrücken. Auf diese Weise fünf Schichten kleben.

6 Vom Draht etwa 20 cm lange Stücke abtrennen, an den Seiten durch die Wand der Laterne pieken, kurzes und langes Ende verdrehen. Laterne mit Teelicht im Baum aufhängen.

DAS WABI-SABI-PRINZIP

ist ein philosophisches Einrichtungskonzept, das Altes, Unvollkommenes und Gebrauchtes in den Vordergrund stellt: Möbel oder Geschirr haben eine Geschichte, Gebrauchsspuren wie Risse oder Kratzer sind genauso erwünscht wie altes Holz. Damit fördert Wabi-Sabi eine nachhaltige Lebensweise.

UPCYCLING: DER WASCHTISCH ENTSTAND AUS EINER ALTEN LEITER UND EINER HOLZPLATTE. DARAUF KAM EIN NEUES NATURSTEINBECKEN (SPA AMBIENTE). DER SPIEGELRAHMEN IST AUS DEN GLEICHEN BRETTERN WIE DIE KÜCHE.

strichen Wände – und fluchten, als der Platzregen mittendrin kam und Wasser durchs Dach lief. Ohne die Hilfe meiner Familie hätten wir das kaum geschafft. Unser wichtigstes Element wurde das alte Holz, das wir unterm Dach fanden. Mein Bruder, selbstständiger Zimmermeister, baute uns eine Küche daraus, später einen Waschtisch aus einer alten Leiter und eine Schiebetür aus einer Stalltür ...

Hätte man mir vor zehn Jahren gesagt, dass ich einmal einen Schrebergarten haben werde, hätte ich gelacht. Diese Art der Freizeitbeschäftigung war für mich der Inbegriff von Spießigkeit. Heute, als Leiterin einer internationalen Agentur für Marketing und digitale Kommunikation, habe ich eine eng getaktete Woche, bin immer auf Abruf. Mein Mann pendelt als Immobilienmanager nach Köln und München, ist beruflich sehr eingespannt. Da gibt es nichts Schöneres, als am Wochenende im Grünen runterzukommen.

Freitagabend packen wir oft ein paar Sachen und Bücher ein, radeln drei Kilometer her. Der Laptop bleibt zu Hause. Hier dürfen meine Gedanken bis Sonntag frei fliegen, hier will ich entspannen, das Tempo selbst vorgeben. Ich pflanze Gemüse, ziehe Blumen von der Oma – und freue mich an meinem Stück Heimat in Düsseldorf. Sogar im Winter kommen wir her, essen auf der Terrasse meinen selbst gekochten Eintopf oder zünden den Kamin an.

Seit ich den Garten habe, bin ich viel entspannter und ausgeglichener. Vor wichtigen Meetings hole ich mir hier am Vorabend Kraft. Wenn im Büro Stress aufkommt, beame ich mich in Gedanken kurz her – und schon geht alles leichter. Die Mischung aus Stadtwohnung und Garten ist perfekt für uns. Dieser Ort hat mich gelassener gemacht, er schenkt mir Glücksmomente und inneren Frieden. Ich möchte nie mehr ohne ihn leben.

SCHÖNER SCHEIN: WENN ES NACHT WIRD, REDUZIERT KATRIN DAS ELEKTRISCHE LICHT IN DEN AUSSEN-LEUCHTEN (VON EVN-LICHTTECHNIK), ZÜNDET VIELE KERZEN AN UND HÖRT MIT IHREM MANN CHRISTIAN ANSCHLIESSEND AN DER FEUERSCHALE DEM KNACKEN DER HOLZSCHEITE ZU.

DIE BESTEN TIPPS DER GARDEN GIRLS

WIE MACHT IHR DAS DENN SO?

Ob die Nacktschnecken nerven oder die Rose plötzlich Rost auf den Blättern hat – unter Schrebergärtnerinnen geht nichts ohne einen anständigen Erfahrungsaustausch! Hier verraten unsere 20 Frauen, wie sie schneller zu einer Parzelle kamen, Garten oder Laube nach dem Einzug stylischer gestalteten – und wie sie im Alltag das Unkraut möglichst flach halten.

WIE HABT IHR DIE WARTELISTE AUSGETRICKST?

Anna Weis, Berlin: „Ich war beharrlich, bin immer wieder zum Vorstand meiner Wunschanlage marschiert und habe gefragt, ob etwas frei geworden ist."

Sandra Koch, Bielefeld: „Wir sind schon zum Sommerfest gegangen, als wir noch gar keine Mitglieder waren. Wir wollten dem Verein einfach zeigen: Wir haben Lust auf Gemeinschaft!"

Simone Fürst, Braunschweig: „Bewirb dich im November beim Verein, wenn kein Mensch Lust auf Garten hat. Ich habe um diese Jahreszeit gleich drei Angebote bekommen."

Katrin Osburg, Düsseldorf: „Wir haben uns in der Wartezeit fast jede Woche in der Kolonie gezeigt, Briefe und Neujahrsgrüße geschrieben, sind zu Veranstaltungen gegangen. Man mochte uns, wir rutschten in einem Jahr in der Warteliste von Platz zwölf auf eins vor."

Patricia Groner, Hamburg: „Interessiere dich auch für Grundstücke, die keiner will. In unserer Anlage stand ein zwangsgeräumter, total verwilderter Garten leer, dem man schon ansah, wie viel Arbeit er machen würde. Den haben wir schnell bekommen."

WIE KANN ICH MEINEN GARTEN SCHNELL SCHÖNER GESTALTEN?

Janine Sommer, Berlin: „Ich habe als Erstes den rechteckigen Beeten geschwungene Formen gegeben, den Betonweg zur Wiese gemacht und farbige Wimpelketten aufgehängt."

Juliane Franke, Magdeburg: „Atmosphäre kriegst du durch alte Gartenmöbel, bunte Kissen und Tischdecken. Ich habe Zinkwannen, alte Fensterläden oder Pflanztische aufgestellt und eine ehemalige Scheunenwand als Sichtschutz integriert."

Sabine Hernler, Graz: „Ich wähle Pflanzen aus einer Farbskala und achte darauf, dass sie zum Stil der Laube passen. Beim Pflanzen variiere ich Höhen und Tiefen, das sieht harmonischer aus."

Bernadett Faßhauer-Kotte, Berlin: „Ich hänge einfach Gläser mit Blumen und Kerzen in die Bäume. Auf unserer Wiese ist unser Outdoorteppich ein Hingucker und bei unseren Gästen sehr beliebt zum Chillen. Aus Europaletten haben wir einen Tisch gezaubert."

Die besten Tipps der Garden Girls **WIE MACHT IHR DAS DENN SO?**

Esther Dinter, Hannover: „Wir haben uns verschiedene Bereiche geschaffen – zum Liegen, Sitzen, Schaukeln, Duschen. Und ich habe alle Sitzkissen neu bezogen, ein Riseneffekt."

Dagmar Heitmann, Düsseldorf: „Mit einer Lichterkette kriegen Sommerabende eine tolle Stimmung. Hängematten schaffen Entspannung. Du kannst auch alte Teekannen bepflanzen und an den Zaun hängen, Vogelhäuschen sorgen für Leben im Baum."

WIE BEKOMME ICH EINEN SCHÖNEN RASEN?

Bernadett Faßhauer-Kotte, Berlin: „Wir mähen im Sommer zweimal die Woche, kürzen aber nie mehr als ein Viertel, sonst verbrennt der Rasen und wird braun. Dadurch wurde er dicht und schön grün. Lücken säen wir nach. Laub bleibt nie lange liegen, sondern wird direkt entfernt, damit der Rasen nicht fault."

Janine Sommer, Berlin: „Wichtig ist, ihn jedes Frühjahr zu vertikutieren und zu düngen und im Sommer mindestens einmal pro Woche ordentlich zu gießen."

Dagmar Heitmann, Düsseldorf: „Ich setze auf Rollrasen, der sieht super gepflegt aus."

UND WIE KRIEGE ICH EINE COOLE LAUBE?

Patricia Groner, Hamburg: „Mit Farbe! Geh innen weg von dieser Sauna-Optik, die altes Holz mit sich bringt. Streiche außen bunt und in innen weiß, verwende moderne Stoffe für Kissen und ein paar hippe Accessoires, das reicht schon."

Sandra Koch, Bielefeld: „Erst das vom Vorpächter Vorhandene sichten und großzügig wegwerfen. Nur brauchbare Einzelteile behalten. Überleg dir vorher einen Stil wie Schwedisch, 50er-Jahre oder Landhaus und ziehe ihn konsequent durch."

Simone Fürst, Braunschweig: „Mit Lichterketten, Kerzen und Wimpelketten habe ich schnell Stimmung ins Haus bekommen. Häng mal Zeitschriftenwerbung oder bunte Obsttüten vom Markt als Bilder auf. Du kannst auch alte Möbel mit Kreidefarbe in skandinavischen Pudertönen streichen. Das kostet vielleicht 50 Euro, sieht aber aus wie neu."

Bernadett Faßhauer-Kotte, Berlin: „Schöne Kissen, Decken und Vorhänge machen alles wärmer. Fürs Sofa empfehle ich waschbare Hussen."

Marie Himmel, Hamburg: „Nutze natürliche Materialien, die auch gut in den Garten passen, wie Holz, Rattan und Zink. Wichtig: Umgib dich nur mit Dingen, die dir richtig gut gefallen! Tolle und günstige Möbel findest du auf Flohmärkten oder bei Ebay."

WIE VERTREIBE ICH DEN MUFFIGEN GERUCH IM HAUS?

Marie Himmel, Hamburg: „Der entsteht meist durch Feuchtigkeit. Du musst das Leck entdecken und flicken. Oft nisten sich auch Marder in Dächern und Wänden ein, die übel riechen. Bei uns hat nur das Erneuern des Daches, der Dämmung, des Fußbodens und aller inneren Wandverkleidungen geholfen."

Christiane Borgmann, Münster: „Eine Schale Katzenstreu aufstellen, die bindet Geruch. Glatte Flächen mit Essig abwischen und Sträuße mit Kräutern wie Lavendel aufhängen."

Katrin Osburg, Düsseldorf: „Wir setzen auf hochwertige Duftkerzen, z. B. von Diptyque oder Parks London."

AKKU ODER STROM – WELCHER RASENMÄHER IST DER BESTE?

Bernadett Faßhauer-Kotte, Berlin: „Akku! So hast du kein Kabelgenerve. Unserer ist von Bosch, superleise und hat den gleichen Akku wie die Heckenschere – spart ein Aufladegerät!"

Anna Weis, Berlin: „Wir haben 50 Quadratmeter Rasen, die schafft unser Akku-Rasenmäher meist nicht ohne Aufladen zwischendurch. Ich wollte schon auf Strom gehen, dann habe ich mir einen zweiten Akku gekauft. Jetzt bin ich happy."

Patricia Groner, Hamburg: „Was jedes Mähen erleichtert: Schleif regelmäßig die Schneideblätter nach. Und kauf gleich zwei zusätzliche mit, damit du gerüstet bist, bevor es das Modell nicht mehr gibt."

Nabila Pelz, Dortmund: „Anfangs hatten wir einen Spindelmäher. Der wird mühselig, sobald das Gras zu lang wird. Heute mähen wir mit Strom – und einem Gerät aus dem Angebot. Für die kleinen Flächen im Schrebergarten braucht man keinen teuren Marken-Mäher."

WAS HILFT GEGEN SCHNECKEN?

Sabine Hernler, Graz: „Im Spätsommer räume ich Schneckennester aus. Das sind kleine weiße Kugeln, die die Tiere oft in Gartenecken ablegen. Dadurch kommen im Frühling weniger."

Claudia Neumeier, München: „Weinbergschnecken im Garten akzeptieren, die fressen die Gelege der Nacktschnecken auf."

Elisa Märkel, Leipzig: „Kleb Kupferband um Beetumrandungen, darüber gehen sie nicht. Oder buddele ein Bierglas als Falle ein, Bier lieben sie. Du kannst auch Bretter oder Orangenschalen in die Beete legen, darunter sammeln sich die Schnecken und du kannst sie abnehmen."

Juliane Franke, Magdeburg: „Rindenmulch- und Sandwege sind gute Kriechbremsen."

Simone Fürst, Braunschweig: „Ich finde es grausam, sie durchzuschneiden oder anders umzubringen. Deswegen sammele sie ein und setze sie auf dem Heimweg im Park aus."

Patricia Groner, Hamburg: „Ich habe den Tipp bekommen, schon im März, wenn Schnecken Paarungszeit haben, großzügig Schneckenkorn auf die Wiese zu streuen. Dann hat man übers ganze Jahr weniger Probleme."

SOLLTE MAN MAULWÜRFE EIGENTLICH VERJAGEN?

Laura Kuhn, Pforzheim: „Maulwürfe gehören zur Natur und leisten viel, sie dürfen bleiben. Ich sammele die lockere Erde ab, setze sie in Beete oder mische meine Anzuchterde damit."

Nabila Pelz, Dortmund: „Höchstens sanft. Ich stecke Tomatenstäbe in die Erde, trenne von Plastikflaschen den Boden ab und stecke den Hals auf die Stäbe. Das Klappern der Flaschen im Wind vertreibt die Maulwürfe. Man kann auch offene Flaschen zur Hälfte in die Hügel stecken. Das Geräusch des pfeifenden Windes mögen sie ebenfalls nicht."

WAS MACH ICH BEI MEHLTAU?

Laura Kuhn, Pforzheim: „Gegen Mehltau spritze ich eine Mischung aus Schachtelhalmessenz und Wasser auf die Pflanze."

Christiane Borgmann, Münster: „Ich achte darauf, betroffene Bereiche großzügig abzuschneiden. Das abfallende Laub sammele ich ein. Blätter und befallene Triebe nie auf den Kompost oder in den Bio-Müll werfen, dort verbreitet sich der Pilz weiter. Am besten verbrennen oder mit dem Restmüll entsorgen."

Dagmar Heitmann, Düsseldorf: „Mehltau ist ein Zeichen, dass es der Pflanze zu feucht geworden ist. Gib ihr künftig weniger Wasser."

Janine Sommer, Berlin: „Ich habe Erfolg mit Milch, die ich mit Wasser vermischt spritze – 10 Prozent Vollmilch, 90 Prozent Wasser. Den Trick habe ich von australischen Weinbauern gelernt."

KENNT IHR EINE GEHEIMWAFFE GEGEN UNKRAUT?

Elisa Märkel, Leipzig: „Wenn du auf Beeten Mischkulturen anbaust, wird das Unkraut durch die Nährstoffausnutzung weniger. An Wegen funktionieren Gasbrenner oder Essigwasser."

Christiane Borgmann, Münster: „Regelmäßig jäten, damit es sich nicht ausbreitet. Zudem hält das den Boden schön locker. Sind die Wurzeln aus der Erde, kannst du das Unkraut aufs Beet legen und dort vertrocknen lassen, beim Verrotten entstehen wichtige Nährstoffe."

Bernadett Faßhauer-Kotte, Berlin: „Wir mulchen die Beete mit Rasenschnitt oder Rindenmulch, das nimmt dem Unkraut das Licht zum Wachsen."

Sandra Koch, Bielefeld: „Giersch muss unbedingt mit der Wurzel raus, sonst wächst er sofort nach. Wir haben gute Erfahrungen mit Unkrautvlies gemacht, das wir auf stark betroffene Stellen legen."

WIE BRINGE ICH MEINE ROSEN ZUM BLÜHEN?

Christiane Borgmann, Münster: „Mein Geheimtipp: die Rosen im Frühjahr mit organischem Oscorna-Animalin-Rosendünger versorgen. Es reicht aber auch Gartendünger mit Kompost."

Esther Dinter, Hannover: „Ich schneide meine Rosen im Frühjahr, wenn die Forsythien blühen, rigoros runter – auf etwa 20 Zentimeter. Danach treiben sie umso kräftiger aus. Vor dem Winter häufele ich sie an, damit die empfindlichen Wurzeln nicht erfrieren."

Bernadett Faßhauer-Kotte, Berlin: „Beim Schneiden achte ich drauf, dass die Schnittkante nicht der Wetterseite *(Westen)* zugeneigt und schräg ist, damit Regenwasser abläuft. Bei Kletterrosen entferne ich regelmäßig Verblühtes, damit sich neue Blütentriebe bilden."

Claudia Neumeier, München: „Ich setze auf drei Dünger: Rosendünger von Kordes, gut abgelagerten Pferdemist und getrockneten Kaffeesatz, den ich der Erde untermische."

Dagmar Heitmann, Düsseldorf: „Wähle den richtigen Standort: Rosen brauchen Sonne!"

WAS KOMMT, AUCH, WENN ICH KEINEN GRÜNEN DAUMEN HABE?

Sabine Hernler, Graz: „Akelei, Vergissmeinnicht und Schneerosen wuchern wie verrückt."

Bernadett Faßhauer-Kotte, Berlin: „Lavendel, Farn und winterharte Sträucher."

Esther Dinter, Hannover: „Kapuzinerkresse und Sonnenblumen – die kann wirklich jeder!"

Juliane Franke, Magdeburg: „Bei mir wurden die Cosmeen schnell hoch und buschig, auch Lupinen, Sommerastern und die Jungfrau im Grünen sind dankbare Blumen."

Christiane Borgmann, Münster: „Zitronenmelisse, Minze und Meerrettich vom Vorgänger wuchern bei mir. Mit Kräutern kannst du wenig falsch machen."

WAS MACHT IHR, WENN IHR MAL NICHT ZUM GIESSEN KOMMT?

Elisa Märkel, Leipzig: „Dann stecke ich eine Flasche mit Wasser kopfüber in meine Tomatentöpfe. Das sickert langsam in die Erde und hält sie ein paar Tage frisch."

Marie Himmel, Hamburg: „Ich bewässere Beete mit unserem selbst gebauten System aus Wassertanks und Tropfschläuchen mit Regenwasser – das schont Ressourcen, erleichtert den Gartenalltag und ist praktisch, wenn wir im Urlaub sind! Die Beschreibung gibt es auf meinem Blog."

WAS NIMMT MAN BLOSS ZUM DÜNGEN?

Marie Himmel, Hamburg: „Brennnesseljauche – ist leicht selbst gemacht und reduziert die Nesseln im Garten."

Nabila Pelz, Dortmund: „Wir düngen nur mit Hornspänen. Bevor ich mit Chemie spritzen müsste, würde ich lieber auf die Ernte verzichten."

Laura Kuhn, Pforzheim: „Unser abgeerntetes Kartoffelbeet bestreue ich mit Gründüngung. Der Boden bekommt so Nährstoffe zurück, wird lockerer und regeneriert sich. Wir nehmen Inkarnatkleesamen, die kleinen Pflänzchen harke ich im Frühjahr leicht ein."

WIE SCHAFFE ICH MIR TROTZ NIEDRIGER HECKEN ETWAS SICHTSCHUTZ?

Sabine Hernler, Graz: „Du kannst verschiebbare Paravents mit hübschen Stoffbahnen bespannen oder Spaliere bauen, an denen du eine Clematis oder Wein hochwachsen lässt."

Dagmar Heitmann, Düsseldorf: „Spalierobst und Beerensträucher sehen schön zufällig und natürlich aus – und man kann gleich noch was ernten."

Patricia Groner, Hamburg: „Wir setzen auf mobile Rankgerüste von Ikea. Und haben Seglerschnüre an zwei Pfosten gespannt, an denen Rosen oder Feuerbohnen wachsen."

WANN SCHNEIDET IHR DIE BÄUME UND STAUDEN?

Christiane Borgmann, Münster: „Stauden werden nach der Blüte geschnitten, dann ziehen sie ihre Kraft zurück. Kirschen sollte man direkt nach der Ernte auslichten – wenn sie nicht genug Licht bekommen, verkahlen sie und es gibt weniger Früchte. Hortensien schneide ich erst im Frühjahr, weil die Rispen ein guter Frostschutz sind. Außerdem sind die Blütenstände wie die von Fetthenne und Sonnenhut auch im Winter sehr dekorativ."

Sandra Koch, Bielefeld: „Bei Obstbäumen wählen wir den Zeitpunkt individuell, da hole ich Hilfe vom Fachberater, er bietet im Verein jedes Jahr Unterstützung beim Schnitt an. Stauden lasse ich über den Winter stehen, sie bieten Nahrung für Vögel, letzte Samen können sich noch verbreiten."

Claudia Neumeier, München: „Den Apfelbaum soll man so schneiden, dass man noch einen Hut durch die Äste schmeißen könnte, sie dürfen nicht zu eng stehen."

Nabila Pelz, Dortmund: „Frauenmantel schneide ich nach der Blüte, dann wächst er frisch grün nach. Fetthenne lasse ich stehen, die Blüten sehen bis in den Winter schön aus. Salbei schneide ich nach der Blüte bis zum August, Pfingstrosen lasse ich bis Oktober stehen."

WELCHE BLUMEN SEHEN ZUSAMMEN SCHÖN AUS?

Anna Weis, Berlin: „Ich liebe Hortensien oder Rosen zu Lavendel."

Claudia Neumeier, München: „Lila Zierlauch mit rosa Akelei."

Christiane Borgmann, Münster: „Violetter Storchenschnabel *(Geranium pratense)* zur weißen Hortensie ‚Strong Annabelle'."

Patricia Groner, Hamburg: „Der rosa Knöterich ‚Superbum' zu rosa Klatschmohn und lila Prachtscharte – ein Genuss!"

WELCHES GARTENGERÄT MUSS ICH HABEN?

Laura Kuhn, Pforzheim: „Die Doppelgrabgabel. Damit kannst du den Boden belüften und schwere Erde lockern, ohne die Bodenschichten mit den Mikroorganismen zu zerstören. Sie hilft auch toll, Kartoffeln zu ernten."

Janine Sommer, Berlin: „Eine japanische Säge. Die ist klein, sägt aber sogar dickere Äste ohne viel Kraftaufwand ab."

Die besten Tipps der Garden Girls **WIE MACHT IHR DAS DENN SO?**

Claudia Neumeier, München: „Alles, was schnell wächst: Kürbis, Salat, Rucola, Kohlrabi. Und grüne Zucchini, die gelben sind zu anfällig."

Sandra Koch, Bielefeld: „Radieschen und Spinat sind kinderleicht."

Elisa Märkel, Leipzig: „Bohnen! Und Tomaten, die brauchen nur ein Dach überm Kopf."

Laura Kuhn, Pforzheim: „Ich habe mit Roter Bete und Kartoffeln angefangen. Ging super. Kartoffeln musst du aber unbedingt anhäufeln."

WIE ZIEHT IHR PFLANZEN VOR?

Nabila Pelz, Dortmund: „Ab Februar ziehe ich Tomaten, Kürbisse, Zucchini, Gurke und Flower Sprouts auf der Fensterbank im Arbeitszimmer vor. Habe gute Erfahrungen damit!"

Elisa Märkel, Leipzig: „Ich verwende nur Anzuchterde und habe zum Auswildern ein kleines Gewächshaus. Stell die Setzlinge nicht über die Heizung, sie trocknen leicht aus."

Bernadett Faßhauer-Kotte, Berlin: „Tomaten ziehe ich ab Februar auf dem Küchenfenster vor. Sie mögen es nur nicht, wenn über 20 Grad herrschen. Also genügend Pflänzchen vorziehen – bei uns kamen von zehn nur sechs durch."

Sandra Koch, Bielefeld: „Ideal ist eine Tageslichtlampe, sonst recken sich die Pflanzen zum Fenster und können schnell abknicken, da sie zu schnell zu lang werden. Sie strecken sich nach dem letzten Fitzelchen Licht, und da die Tage im Frühjahr noch kurz sind, ist das nicht so erstrebenswert."

Laura Kuhn, Pforzheim: „Ich presse dafür Erdballen selbst und habe am Wohnzimmerfenster ein kleines Gewächshaus. Im Frühjahr bringe ich die Setzlinge tagsüber auf den Balkon zum Akklimatisieren."

Christiane Borgmann, Münster: „Ich schwöre auf meine Felco-Gartenschere (*Nr. 8, super für Frauenhände*), sie ist zwar etwas teurer in der Anschaffung, begleitet mich aber bereits seit 21 Jahren. Außerdem kann jedes Teilchen ausgewechselt werden."

Silvia Buchli, Zürich: „Die Kräuterschere, sie hat fünf Klingen, schneidet fünfmal so schnell."

Dagmar Heitmann, Düsseldorf: „Das Apfelpflücker-Säckchen, es erleichtert jede Obsternte."

Patricia Groner, Hamburg: „Einen Löwenzahnzieher! Der holt das Unkraut mit Wurzel raus – ohne Bücken, ohne viel Krafteinsatz."

WIE BLÜHT ES IN MEINEM GARTEN DAS GANZE JAHR?

Bernadett Faßhauer-Kotte, Berlin: „Schau im ersten Jahr erst mal, wo was hochkommt und blüht. Dann notierst du, wo was fehlt, und pflanzt nach. Ein genialer Trick ist es, den Garten einmal im Monat zu fotografieren und im Winter zu schauen, wo du optimieren kannst."

Dagmar Heitmann, Düsseldorf: „Sortenreichtum hilft. Pflanze 20 bis 30 Sorten so ein, dass sich ihre Blühzeiten abwechseln – bis in den späten Herbst hinein."

Claudia Neumeier, München: „Im Herbst Frühlingszwiebeln für Narzissen, Traubenhyazinthen und Hasenglöckchen setzen, für den Sommer Rosen und Rittersporn, für den Herbst Astern. In der kalten Jahreszeit eignen sich winterblühende Ziersträucher oder Christrosen."

WELCHES OBST UND GEMÜSE GEHT FÜR EINSTEIGER?

Anna Weis, Berlin: „Ich hatte gute Erfolge mit Erbsen, Bohnen und Beeren."

WIE LEGE ICH EINEN KOMPOST AN?

Marie Himmel, Hamburg: „Da bieten sich offene, stabile Umrandungen an. Unten kommen ein paar Äste rein, darauf eine Schicht Blätter oder Häcksel, damit der Haufen nicht zu nass wird. Darauf sammelst du alles, was im Garten anfällt, auch pflanzliche Küchenabfälle, wie Obst- und Gemüsereste, Tee- und Kaffeesatz, Horn wie Haare aus der Bürste und Fingernägel. Weil der Kompost nicht so warm wie ein Heißkomposter wird, wirf kein Unkraut darauf, sonst bleiben Samen und Wurzeln erhalten."

Sandra Koch, Bielefeld: „Ich habe einen Extrakompost für Unkraut, die Erde verwende ich nur als Bodensatz für das Hochbeet. Falls nicht alle Samen verrotten, fällt es da am wenigsten ins Gewicht. Wichtig ist, den Kompost vielseitig zu befüllen und leicht feucht zu halten, so steigt die Temperatur und alles verrottet besser. Ich kippe Schnellkomposter drauf, er kurbelt den Verrottungsprozess an."

Katrin Osburg, Düsseldorf: „Unkraut bringen wir zum Recyclinghof, befallene Blätter kommen in den Hausmüll. Efeu gehört nicht darauf, der wächst dort weiter."

Bernadett Faßhauer-Kotte, Berlin: „Am besten, man hat drei: einen aktiven, einen ruhenden und einen, aus dem man den Humus entnimmt. Wir schichten im Frühjahr um. Einem neuen Haufen etwas alten Kompost zufügen, das beschleunigt den Verrottungsvorgang."

Esther Dinter, Hannover: „Ich empfehle Umrandungen aus Metall, die verrotten nicht. Und Kaninchendraht auf dem Boden, damit Ratten nicht reinkommen. Drauf kommt alles außer Essensreste oder tierische Produkte."

WIE MACHT IHR DAS MIT DER TOILETTE?

Juliane Franke, Magdeburg: „Wir haben für 11 Euro eine Komposttoilette gekauft und Beutel aus Maisstärke *(40 Stück gibt's für 20 Euro)* reingetan. Nach jedem Gang kommt Rindenmulch drauf, so stinkt nichts. Ist der Eimer voll, kommt der Beutel auf den Kompost, er verrottet mitsamt Inhalt schnell. Den Urin, der durch den Beutel läuft und im Eimer verbleibt, kann man verdünnt als Dünger auf Blumenbeete gießen."

Esther Dinter, Hannover: „Wir streuen in unsere Campingtoilette biologische Sägespäne, die die Flüssigkeit aufsaugen. Katzenstreu geht auch, bindet den Geruch noch besser."

Anka Rehbock, Lübeck: „Wir haben einen Eimer mit Einleger gekauft, der zwischen dünn und dick trennt. Das Dünne fließt über einen Schlauch in die Erde, das Dicke bleibt im Eimer, wird nach Benutzung mit Rindenmulch bedeckt und gesammelt auf dem Kompost entleert."

Elisa Märkel, Leipzig: „Wir haben auch eine Sickergrube. Damit nichts stinkt, gebe ich ökologisches Ammovit mit rein, das tut gleichzeitig dem Boden gut."

Patricia Groner, Hamburg: „Eine Komposttoilette war mir zu aufwendig, wir haben die Chemietoilette ‚Porta Potti'. Die reinige ich aber mit ‚Solbio', einem natürlichen Sanitärreiniger. Den Inhalt der Toilette bringen wir regelmäßig zur Abkippstelle in der Anlage."

WAS MACHT IHR MIT DEM LAUB UND DEM RASENSCHNITT?

Marie Himmel, Hamburg: „Wir mähen mit einem Mulchrasenmäher, der Rasen so klein zerhäckselt, dass er liegen bleiben kann. Laub fällt für den Kompost zu viel an. Ich verteile es unter

Die besten Tipps der Garden Girls **WIE MACHT IHR DAS DENN SO?**

Hecken und Büschen oder bedecke abgeerntete Beete 5 Zentimeter hoch damit, nachdem ich sie 2 Zentimeter hoch mit Grobkompost gemulcht habe – das bringt richtig viele Nährstoffe zurück."

Bernadett Faßhauer-Kotte, Berlin: „Ab ins Hochbeet, das ist perfektes Pflanzenfutter, weil beim Verrotten Humus daraus wird."

Anna Weis, Berlin: „Wir haben einen sehr großen Walnussbaum, seine Blätter wirken wachstumshemmend, dürfen weder unter Büsche noch auf den Kompost. Ich fahre sie mit dem Rasenschnitt zur Deponie."

Patricia Groner, Hamburg: „Wir haben grüne Tonnen in der Anlage, in denen man seinen Grünmüll entsorgen darf. Sie werden regelmäßig geleert, das erspart viel Arbeit."

WAS ZIEHT IHR FÜR DIE GARTENARBEIT AM LIEBSTEN AN?

Elisa Märkel, Leipzig: „Dehnbare Leggings oder Sporthosen. Kurze Hosen sind gefährlich, weil man sich mit den scharfkantigen Geräten leicht verletzt. Praktisch sind auch Westen."

Janine Sommer, Berlin: „Latzhosen sind toll, weil sie den sonst freien Po bedecken, den müden Rücken warm halten, und du kannst alles mögliche vorn in die Tasche stecken."

Anka Rehbock, Lübeck: „Ich stehe auf meine Blundstones, robuste Schuhe mit dicker Profilsohle, mit denen ich auch ins nasse Beet treten kann."

Dagmar Heitmann, Düsseldorf: „Für kleine Gartenarbeiten binde ich mir nur schnell meine Schürze von Uashmama um – stylisch und praktisch."

Silvia Buchli, Zürich: „Jeans, da ich ständig auf Knien bin. Da sind feste Hosen am besten."

Patricia Groner, Hamburg: „In der Bauphase hatten mein Mann und ich Latzhosen vom Bauarbeiter-Ausrüster Engelbert Strauss an, die können was ab."

Katrin Osburg, Düsseldorf: „Ich empfehle euch die Gartenschuhe von Le Chameau aus Naturkautschuk, die haben wir vom ersten Tag an an, sie sind robust und bequem."

WELCHE HANDSCHUHE KÖNNT IHR EMPFEHLEN?

Claudia Neumeier, München: „Rosenhandschuhe, die sind schön lang, man kratzt sich nicht die Unterarme auf."

Sandra Koch, Bielefeld: „Wichtig ist, dass sie die Handflächen mit Leder schützen, da gehen bei stacheligen Arbeiten die Dornen nicht so leicht durch."

Christiane Borgmann, Münster: „Nylonhandschuhe von Guide. Die Handflächen sind mit Nitril beschichtet, dadurch kann man gut mit Rosen oder Brennnesseln arbeiten."

Katrin Osburg, Düsseldorf: „Die von Showa, die sind abriebfest, leicht, waschbar!"

WAS BRAUCHT MAN WIRKLICH IN DER KÜCHE?

Christiane Borgmann, Münster: „Mit Kind ist eine Kochstelle wichtig, wir haben auch einen Mini-Ofen für Kuchen und Brötchen. Ist kein Platz für einen Kühlschrank, kauf dir eine kleine Kühlbox."

Simone Fürst, Braunschweig: „Wir haben nur einen Kühlschrank, Wasserkocher und unseren Dutch Oven, in dem wir draußen über Feuer kochen. Das reicht uns völlig."

Bernadett Faßhauer-Kotte, Berlin: „Ich wollte im Garten unbedingt Kuchen backen – mit den eigenen Äpfeln, Pflaumen und Kirschen. Daher mussten Ofen und Herd sein. Außerdem unerlässlich: Kühlschrank, Waffeleisen und Kaffeemaschine. Und ich freue mich über schönes Geschirr. Da macht das Kuchenessen doppelt Spaß."

HIER SPRICHT DIE EXPERTIN VOM GARTENVERBAND

UND WIE KOMMST DU JETZT AN EINEN SCHREBERGARTEN?

Du hast seit Jahren diesen Traum vom eigenen Garten? Möchtest endlich in der Erde wühlen, Himbeeren ernten, an Rosen schnuppern? Eine Tomate essen, die auch nach Tomate schmeckt? Und abends mit Freunden den Grill anschmeißen? Na dann mal los! Sandra Böhme (39) vom Bundesverband Deutscher Gartenfreunde (BDG) sagt, wie du das anpackst – und was es zu beachten gibt.

Warum ist Schrebergärtnern plötzlich unter jungen Leuten so angesagt?
Das Arbeitsleben ist anstrengender geworden, wir verbringen viel Zeit am Computer und im Büro. Das erleben viele Menschen zunehmend als sinnlos. Sie suchen Erholung, Natur, Ausgleich und Rückzug. Ein Garten gibt uns Stabilität, er lässt uns kreativ sein, dort erleben wir sinnliche Düfte, bauen unser eigenes Bio-Gemüse an. Es entspannt, etwas mit den eigenen Händen zu tun. In Kleingartenvereinen treffen verschiedene Menschen, Generationen und Kulturen aufeinander. Sie bilden in anonymen Zeiten eine Gemeinschaft. Das tut einfach gut.

Wie finde ich einen Schrebergarten?
Zuerst kannst du beim jeweiligen Landesverband der Gartenfreunde nachfragen. Davon gibt es 20 in ganz Deutschland. Dort erfährst du, welcher Stadt- oder Bezirksverband für dich zuständig ist, und erhältst Adressen von Kleingärtnervereinen in deiner Nähe. Nichts kann das persönliche Gespräch ersetzen. Am besten vereinbarst du zur Sprechzeit in der Geschäftsstelle einen Termin, um dich persönlich vorzustellen und nach freien Parzellen zu fragen.

Kann ich nicht einfach online nachsehen, welche Anlage in meiner Nähe liegt – und dort direkt vorsprechen?
Natürlich – so geht's auch. Du kannst auch in Tageszeitungen oder am schwarzen Brett deines Supermarkts schauen oder durch Kleingartenanlagen in deiner Nähe spazieren, um zu sehen, wo Gärten zur Vergabe stehen. Ich empfehle nur, die Gartensuche nicht allein an die Nähe zu deiner Wohnung zu knüpfen. Wichtiger ist es, einen passenden Verein zu finden, in dem du dich zum Beispiel von der Alters-

SANDRA BÖHME
engagiert sich im Bundesverband Deutscher Gartenfreunde *(BDG)*

Die Verbandsfrau **UND WIE KOMMST DU JETZT AN EINEN SCHREBERGARTEN?**

ES KANN NOCH SO LAUT IN DER GROSSSTADT ZUGEHEN, SOBALD DU EINE KLEINGARTENKOLONIE BETRITTST, BIST DU SOFORT VON VOGELZWITSCHERN UND EINEM EINZIGARTIGEN FRIEDEN UMGEBEN. VERSTÄNDLICH ALSO, DASS SICH JETZT IMMER MEHR JUNGE LEUTE AUF DIE SUCHE NACH EINER EIGENEN KLEINEN PARZELLE MACHEN.

struktur her wohlfühlst, wo es eine Kinder- und Jugendgruppe gibt oder soziale Projekte. Schau dir deswegen ruhig mehrere Vereine an. Was hast du davon, wenn du zwar einen tollen Garten gefunden hast, aber die Chemie mit deinen Gartennachbarn und den anderen Vereinsmitgliedern nicht stimmt?

Stimmt es, dass es in vielen Vereinen lange Wartelisten gibt?
In ländlichen Gebieten ist das selten; da gibt es eher Leerstand. In Großstädten – wie Berlin oder Hamburg – sind Kleingärten tatsächlich ziemlich begehrt. Hier solltest du eine Wartezeit von bis zu mehreren Jahren einplanen oder dann doch ohne große Extrawünsche die Parzelle nehmen, die frei wird. Aber oft klappt es mit dem Traumgarten dann doch schneller, als du denkst. In vielen Vereinen vollzieht sich gerade ein Generationenwechsel. Viele Ältere hören auf, andere auf der Warteliste wollen plötzlich nicht mehr ...

Wie kann ich meine Chancen bei der Gartenvergabe verbessern?
Es macht einen guten Eindruck, wenn du dein Garteninteresse zeigst, indem du zum Beispiel das Gespräch mit dem Vereinsvorstand suchst. Jüngere Familien mit Kindern werden in städtischen Anlagen oft bevorzugt, um der Überalterung entgegenzuwirken.

Muss ich immer Vereinsmitglied werden?
Ja, nur als Vereinsmitglied kannst du einen Garten pachten. Es reicht aber, wenn einer aus der Familie Mitglied wird. Die Grundidee ist tatsächlich, Teil einer Gemeinschaft zu werden, in der alle gemeinsame Interessen verfolgen – beim Gärtnern und bei der Freizeitgestaltung. Deswegen solltest du Interesse an Menschen haben, die Idee mögen, sich mit anderen auszutauschen und zu unterstützen, beim Osterfeuer oder zu anderen Anlässen gemeinsam zu feiern. Das Feiern ist zwar keine Pflicht, aber das gemeinsame Vorbereiten, Spaß-Haben und Aufräumen verbindet, es bringt Anschluss.

Und welche Pflichten habe ich?
Als Mitglied bist du verpflichtet, Arbeitsstunden für deinen Verein zu leisten, in denen du öffentliches Grün pflegst; zum Beispiel, indem du Wege harkst. Denn – und das wissen die wenigsten Nicht-Kleingärtner – die Wege in Kleingärtnervereinen sind öffentliches und für jedermann frei zugängliches Grün, ähnlich wie städtische Parks. In vielen Kleingärtenanlagen sind das acht Stunden Gemeinschaftsarbeit im Jahr. Aber das war es auch schon. Mit Vereinsmeierei haben wir nichts am Hut. Und es wird auch keiner als

Die Verbandsfrau UND WIE KOMMST DU JETZT AN EINEN SCHREBERGARTEN?

Schriftführer oder Kassenwart zwangsverpflichtet!

Was kostet ein Schrebergarten?
Die Pacht beträgt je nach Lage 10 bis 90 Cent pro Quadratmeter. Dazu musst du den Vereinsbeitrag, öffentlich-rechtliche Lasten wie Grundsteuer, Abfallgebühren, Straßenreinigung, Versicherungen, Wasser und Strom rechnen – zusammen etwa 100 bis 300 Euro laufende Nebenkosten pro Jahr. Dazu kommt bei der Übernahme einer neuen Parzelle eine einmalige Ablöse an den Vorbesitzer für Bäume, Sträucher und Laube, die zwischen 1000 und 7000 Euro liegen kann. Grundstücke, die lange ungenutzt und verwildert sind, sind günstiger zu haben, auf dem Land oft sogar umsonst.

Wie groß ist denn so ein Schrebergarten?
Im Schnitt 400 Quadratmeter. In Innenstädten kann er kleiner sein, in östlichen Bundesländern ist er sogar bis zu 1000 Quadratmeter groß. Das Minimum liegt bei 150 Quadratmetern.

Welche Regeln muss ich in meinem Schrebergarten beachten?
Laut Bundeskleingartengesetz ist ein Drittel der Fläche für den Obst- und Gemüseanbau zu nutzen, ein Drittel ist für Rasen und Blumen vorgesehen, ein Drittel für Laube und Terrasse gedacht. Das klingt jetzt anstrengender, als es ist. Du könntest theoretisch auch alle Beete vom Giersch zuwachsen lassen – das ist zwar Unkraut, schmeckt jedoch auch als Salat oder zu Pesto verarbeitet. Und wie überall, wo Menschen gemeinsam Zeit verbringen, werden Regeln vereinbart, die befolgt werden sollten. Das sind die Gartenordnungen. Mit deiner Unterschrift verpflichtest du dich, deinen Garten unter Berücksichtigung von Natur- und Umweltschutzaspekten zu bewirtschaften oder etwa Ruhezeiten mittags und nachts einzuhalten. Rasenmähen oder Rockmusik in der Mittagsruhe ist also tabu – genau wie Nadelgehölze oder Gewächse mit einer Höhe von über vier Metern. Aber das ist ja kein Drama.

Und welche Vorschriften gibt es für die Laube?
Sie darf einschließlich überdachtem Freisitz höchstens 24 Quadratmeter groß und nicht zum dauerhaften Wohnen geeignet sein. Wasser und Strom sind in vielen Anlagen erlaubt, Gas, Kanalisationsanschluss, Satelliten- und Telefonanschlüsse nicht. Die Toilettenfrage ist in allen Kommunen anders geregelt. Spülklos sind meist verboten. Die meisten Kleingärtner verwenden Kompost- oder Chemietoiletten und haben einen Wasseranschluss außerhalb der Laube.

Darf ich in der Laube übernachten? Draußen grillen? Einen Pool bauen?
Ja. Während der Sommersaison oder am Wochenende ist das Übernachten erlaubt. Du darfst auch grillen, aber dafür kein Lagerfeuer machen. Es spricht nichts gegen ein kleines mobiles Planschbecken. Fest installierte Swimmingpools sind nicht vorgesehen. Am besten fragst du vor jeder baulichen Veränderung den Vorstand. Das kann dir viel Ärger ersparen.

Wie entkomme ich der Spießerfalle?
Da müsstest du erst mal definieren, was Spießigkeit ist. Wenn du darunter verstehst, dass du konsequent und kontinuierlich einer Sache nachgehst, gehört das beim Gärtnern halt dazu. Es ist notwendig zu wissen, wann gesät oder gedüngt wird, welche Fruchtfolgen es gibt, ob der Boden ertragreich ist, wie nachhaltig gegärtnert wird … Tatsächlich sind die meisten Kleingärtner kreativ, experimentierfreudig, kommunikativ und stellen sich gern gärtnerischen Herausforderungen. Ich finde ja: Schrebergärtner sind eher innovativ als spießig – sie haben das Urban Gardening schließlich erfunden!

Wo erhalte ich Hilfe für Beet und Laube, wenn ich als Einsteiger noch keine Ahnung habe?
Bei allgemeinen Fragen wendest du dich am besten an den Vereinsvorstand. Zudem gibt es in jedem Garten ausgebildete Gartenfachberater, die zum Beispiel spezialisiert sind auf Obstbaumschnitt. Du kannst auch erfahrenere Gartenfreunde um Rat bitten. Vielleicht ist sogar ein Zimmermann unter ihnen, der dir bei deiner Laube hilft. In den einzelnen Landesverbänden gibt es unterschiedliche Fortbildungsmöglichkeiten zu Gartenthemen. Wir vom BDG geben zudem tolle Broschüren heraus und empfehlen auf unserer Homepage viele Bücher.

Gibt es Trends bei der Bewirtschaftung?
Oh ja: Hochbeete. Das liegt daran, dass die Bodenqualität in vielen Regionen zu wünschen übrig lässt. Zum anderen sind Hochbeete rückenfreundlich, das reizt nicht nur ältere Kleingärtner. Außerdem ist es unter Schrebergärtnern beliebt, alte Sorten anzubauen. Im Supermarkt liegen meist nur fünf Apfelsorten – dabei gibt es locker 300. Auch bei Kartoffeln, Möhren und Pastinaken wird sich gerade wieder an Sorten erinnert, die fast in Vergessenheit geraten sind.

Und wie ist das jetzt mit den sozialen Projekten?
In einigen Vereinen gibt es Senioren- oder Demenzgärten, Gärten, die von Kitagruppen oder Schulklassen bewirtschaftet werden, oder Tafelgärten, in denen Obst und Gemüse angebaut und an Bedürftige abgegeben wird. Und dann bieten einige Vereine Schreberjugendgärten. Das sind Treffpunkte der Schreberjugend für Kinder und Jugendliche, wo sie gemeinschaftlich ihre Freizeit verbringen können – mit Gärtnern und vielen anderen Aktivitäten.

Falls das mit dem eigenen Garten jetzt nicht so fix klappt – wie kann ich die Wartezeit überbrücken?
In manchen Vereinen ist es möglich, sich in einem Gemeinschaftsgarten einzelne Beete zu mieten, um etwas anzubauen, um auszuprobieren, ob das Gärtnern wirklich etwas für einen ist. Einfach mal ausprobieren!

HIER KANNST DU DEINE RECHERCHE STARTEN

Auf der Seite vom Bundesverband Deutscher Gartenfreunde findest du alle Landesverbände mit Anschrift, Telefonnummern, Mailadressen und Ansprechpartnern:
www.kleingarten-bund.de

Kommst du aus Österreich, schau unter:
www.kleingaertner.at

Bist du aus der Schweiz, klick hier rein:
www.familiengaertner.ch

PRAKTISCHE TIPPS

ALTERNATIVEN ZUM EIGENEN GEMÜSEGARTEN

FÜR GROSSDENKER: RENT A ACKER

Es gibt immer mehr Projekte, bei denen du dir in Stadtnähe ein Stück Feld für den Gemüseanbau mieten kannst, die meisten sind sogar schon bepflanzt. Bekannte Anbieter sind zum Beispiel www.meine-ernte.de oder www.ackerhelden.de. In den Kosten *(ab 199 Euro pro Jahr)* sind Gartengeräte, Wasser und Beratung inklusive.

FÜR HERDENTIERE: URBAN GARDENING

Vielleicht magst du dich mit anderen Städtern zusammenschließen, um auf Hinterhöfen, Dächern oder in Baulücken gemeinsam zu gärtnern und zu ernten, Hochbeete aus Europaletten zu bauen, in Kisten und Kübeln Tomaten oder Kohlrabis anzupflanzen, Kartoffeln im Reissack zu vermehren … Bekannte Urban-Gardening-Projekte sind der Prinzessinnengarten in Berlin, die Pflanzstelle Köln oder die Stadtgärtner in Würzburg. Adressen für andere Gemeinschaftsgärten in ganz Deutschland findest du unter www.anstiftung.de.

FÜR REVOLUZZER: GUERILLA GARDENING

Inspiriert von New Yorker Künstlern verschönern auch bei uns zunehmend Großstädter öffentliche Flächen wie Baumscheiben, Grünstreifen oder Verkehrsinseln in ihrem Viertel, pflanzen Blümchen oder werfen einfach eine Handvoll Sonnenblumensamen auf das hässliche brachliegende Baugrundstück nebenan. Streng genommen ist das illegal, aber viele Kommunen betrachten solche Aktivitäten wohlwollend. Vor größeren Projekten frage lieber bei der Stadt nach.

FÜR BALKONIER: KISTEN-GÄRTNERN

Apfelbäumchen im Topf, Pflücksalat im Balkonkasten, Hänge-Erdbeeren in der Blumenampel – auf dem kleinsten Balkon gedeiht mehr, als du denkst. Bau dir doch mal ein Beet aus gestapelten Klappkisten, bepflanze ausrangierte Weinkisten oder hänge ein paar Henkeleimer für Kräuter an die Brüstung.

FÜR TEILER: GARTENPATENSCHAFTEN

Und wenn das alles nichts ist: Schon mal an Schrebergarten-Sharing gedacht? Dabei teilen Menschen, die ihren Garten aufgrund ihres Alters oder Jobs nicht komplett allein bewirtschaften können, ihre Parzelle mit Paten, die ebenfalls Lust auf ein Stück Grün haben. Kontakte vermittelt zum Beispiel www.datschlandia.de oder www.gartenpaten.org.

HIER SPRICHT DIE PROFI-GÄRTNERIN

SO MACHST DU FETTE BEUTE

Warum tragen meine Erdbeeren so schlecht? Wieso sind die Kartoffeln so klein? Und wo ist der richtige Platz für mein Kräuterbeet? Wer gärtnert, hat gerade am Anfang tausend Fragen. Wir haben jemanden ausgebuddelt, der sich mit den Antworten auskennt. Marita Richter (35) ist spezialisiert auf den Anbau von Obst und Gemüse – und ackert nach Feierabend mit Mann und Kind im privaten Schrebergarten.

MARITA RICHTER arbeitet hauptberuflich als Gärtnerin in Pirna. Diese Frau kennt sich also aus

DIE RICHTIGE ERDE NUTZEN

Nicht jedes Gemüse wächst auf jedem Boden. Bevor du zum ersten Mal etwas anbaust, analysiere deine Bodenart und teste den pH-Wert *(siehe gelben Kasten)*. Dann wähle passende Pflanzen aus, sonst mühst du dich erfolglos ab. Kohl oder Zucchini finden in Sandböden beispielsweise zu wenige Nährstoffe. Kartoffel, Himbeere oder Heidelbeere mögen eher saure Böden, Möhren oder Tomaten eher basische. Die meisten Pflanzen fühlen sich in schwach saurem bis neutralem Boden *(pH-Wert 6–7)* wohl. Du kannst den pH-Wert übrigens beeinflussen. Ist dein Boden sehr sauer *(pH-Wert unter 7)*, gib Kalk oder Holzasche zu. Ist er zu basisch *(pH-Wert über 7)*, mische angerottetes Kompostierlaub oder säurehaltigen Dünger unter. Jeden Boden kannst du durch Kompost aufwerten, der liefert wertvollen Humus. Für meine Hochbeete kaufe ich ab und zu neue Erde in einer Kompostieranlage oder im Gartenmarkt – keine teure Spezialerde, sondern ganz normale zum mittleren Preis, die ich mit Kompost und Dünger mische. Das genügt völlig.

KLEINE BODENANALYSE

• Die Schlämmprobe zeigt, wie dein Boden zusammengesetzt ist. Gib dazu 3 Zentimeter Gartenerde ins Glas. Wasser auffüllen, vermischen, 6 Stunden stehen lassen. Jetzt setzen sich die Bodenbestandteile ab: Sand sinkt auf den Boden, Humus schwimmt oben, Lehm macht Wasser trübe. Je mehr Humus du hast, umso fruchtbarer ist dein Boden.

• Schnell geht der pH-Test mit dem Baumarkt-Set *(ca. 5 Euro)*. Dabei nimmst du aus fünf Stellen des Bodens in 10 Zentimetern Tiefe je 1 Esslöffel Erde, vermischst die Proben, gibst destilliertes Wasser zu und hältst Teststreifen rein. Preiswerter geht's so: Nimm 2 Becher. In einem mischst du 1 Päckchen Backpulver mit destilliertem Wasser, in den anderen kommt Essig. Jetzt in beide Becher einige Esslöffel Erde füllen. Schäumt es im Essigbecher, ist der Boden alkalisch. Zischt es im Backpulverbecher, ist der Boden sauer. Passiert nichts, ist der Boden neutral.

BEETE SORGSAM PFLEGEN

Errichte um deine Beete eine Wuchssperre gegen Wurzelunkräuter und Gras. Lockere regelmäßig den Boden mit Hacke oder Dreizack auf, so verbesserst du den Luft- und Feuchtigkeitshaushalt und vermeidest Bodenverdichtungen. Versuche wenig auf deine Beete zu treten, lege dir Trittsteine hin. Deine Pflanzen sollten nicht zu dicht stehen, damit sie nach einem Regenguss gut abtrocknen können. Entferne Unkraut stets mit der Wurzel. Und: Mulche! Dafür kannst du Rasenschnitt, Brennnesseln, Pflanzenblätter oder gehäckselte Rinde auf die unbedeckte Erde legen. Dadurch wächst weniger Unkraut, die Erde trocknet nicht so schnell aus, Nährstoffe und Mikroorganismen bleiben im Boden geschützt. Gleichzeitig wirkt dein Mulchmaterial als perfekter Dünger.

AUF HOCHBEETE SETZEN

Hochbeete bringen große Erträge, weil sie von allen Seiten Sonne abkriegen, darin eine Verrottung stattfindet und durch die Wärme so eine Art Fußbodenheizung für die Pflanzen entsteht. Dadurch wächst dein Obst und Gemüse schneller, es gibt weniger Schädlinge und Unkraut. Lege dein Beet im Frühling oder Herbst in Nord-Süd-Richtung an. Ich habe einen Fertigbausatz, schön sind auch selbst gebaute Hochbeete aus Europaletten. Lege zuerst engen Maschendraht gegen Wühlmäuse auf die Erde, dann schichtest du etwa je 20 bis 30 Zentimeter grobe Zweige, Laub, groben Kompost, Feinkompost und zum Schluss frische Erde darauf. Ab dem Folgejahr solltest du jede Saison nachdüngen oder frische Erde auffüllen.

SCHÄDLINGE WEGSTINKEN

Ich schwöre bei Blattläusen auf Brennnesseljauche. Dafür setze ich Pi mal Daumen eine Handvoll Brennnesselblätter mit Regenwasser im Holzbottich oder Kunststoffeimer an. Die Flüssigkeit rühre ich möglichst täglich um *(Achtung: Es stinkt fürchterlich!)*. Bilden sich nach zwei bis drei Wochen keine Bläschen mehr, ist die Gärung fertig und du kannst die Jauche auf befallene Pflanzen sprühen. Brennnesseljauche ist auch ein hervorragender Naturdünger, er stärkt die Kraft deiner Pflanzen.

SORTEN RICHTIG KOMBINIEREN

Viele Pflanzen fördern sich gegenseitig im Wachstum und können gemeinsam Schädlinge verjagen, andere tun sich gegenseitig nicht gut. Erdbeeren passen wunderbar zu Knoblauch, weil er Erdbeermilben vertreibt, aber nicht zu Buschbohnen. Gurken lieben Dill und Zwiebeln, aber keine Tomaten. In Gartenbüchern findest du tolle Tabellen, welche Pflanzen du kombinieren kannst. Mein Lieblings-Nachschlagewerk heißt übrigens „Erbse liebt Radieschen".

SETZLINGE RICHTIG VORZIEHEN

Dafür empfehle ich dir eine Fensterbank mit viel Licht, am besten in der Küche, da bist du oft und vergisst nicht, dich um die Pflänzchen zu kümmern. Verwende Anzuchterde, die ist keimfrei und hat wenige Nährstoffe, Setzlinge sollen ja Wurzeln für die Suche danach ausbilden. Erde in Pflanztöpfe füllen, Samen reingeben, mit Erde bedecken *(außer bei Lichtkeimern)* und regelmäßig gießen. Werden die Pflanzen größer, kannst du sie vorsichtig pikieren und später nach der Frostperiode in dein Beet pflanzen. Binde längere Stängel gleich an Holzstäbchen, damit sie nicht umknicken. Jetzt ordentlich düngen.

DIE MICKRIGE ERNTE VERBESSERN

Ist der Standort zu schattig? Hat es sehr viel geregnet? Gibt es Schädlinge oder Krankheiten? Pflanzenhygiene ist so wichtig wie die Nährstoffversorgung durch gute Erde, Dünger und Wasser. Überlege: Kannst du den Baum, der zu viel Sonne nimmt, stutzen? Den Standort des Beetes verändern? Knipse welke oder kranke Blätter ab. Pflanzenkrankheiten oder Schädlinge solltest du schnell behandeln – mit Hausmitteln oder zur Not mit Chemie. Wirf verschimmelte Früchte weg, verbrenne runtergefallenes Laub kranker Bäume, es gehört nicht auf den Kompost. Schnecken, die deine Ernte schädigen, kannst du absammeln, mit biologischem Schneckenkorn verjagen oder schlimmstenfalls durchschneiden. Viele Gärtner setzen auf Pflanzen, die Schnecken nicht mögen wie Phlox oder Frauenmantel.

BEERENSTRÄUCHER & OBSTBÄUME RICHTIG SCHNEIDEN

Obstbäume schneide ich meist im Februar, falls die Temperaturen da nicht mehr unter minus 10 Grad liegen. Mit dem richtigen Schnitt kannst du den Ertrag deiner Obstbäume regulieren. Aber Vorsicht: Ein zu starker Schnitt regt das Wachstum an. Daher nie mehr als ein Drittel entfernen. Die Schnittregeln sind kompliziert und bei jedem Baum anders. Ich empfehle dir ein Schnittseminar. Johannisbeeren schneide ich in der Ruhephase im Winter. Junge Triebe lasse ich stehen, daran wachsen viele Beeren. Ältere oder zu dicht stehende Zweige stutze ich, vierjährige Triebe entferne ich komplett. Herbsthimbeeren kannst du komplett zurückschneiden, bei Sommerhimbeeren nur zweijährige Triebe. Neue Triebe, an denen noch keine Früchte gewachsen sind, müssen stehen bleiben.

DIE FRUCHTFOLGE BEACHTEN

Viele Einsteiger starten mit Zucchini und Kürbis, weil sie schnell keimen und es eine reiche Ernte gibt. Ich habe gute Erfahrungen mit Cocktailtomaten und Buschbohnen gemacht. Für Kohl brauchst du mehr Erfahrung, viele Arten sind anfällig für Schädlinge. Willst du ganze Beete mit einem Gemüse anbauen, solltest du die Fruchtfolge beachten, damit dem Boden nicht einseitig Nährstoffe entzogen werden und sich keine Krankheiten oder Schädlinge breitmachen. Damit deine Pflanzen optimal versorgt werden, pflanze im ersten Jahr Starkzehrer *(z. B. Kartoffel)* in dein Beet, im zweiten Jahr Mittelzehrer *(z. B. Möhren)*, im dritten Jahr Schwachzehrer *(z. B. Erdbeeren)* – und gönne dem Beet im vierten Jahr eine Pause. Einfacher sind Mischkulturen, bei denen du verschiedene Sorten in ein Beet setzen kannst.

Die Profi-Gärtnerin **SO MACHST DU FETTE BEUTE**

GEHÖLZE RICHTIG PFLANZEN

Obstbäume und Beerengehölze solltest du im Herbst pflanzen. Vor dem Frost verwurzeln sie sich besser. Zuerst musst du ein Pflanzloch ausheben, das etwa doppelt so groß wie der Wurzelballen ist. Lockere die Erde am Boden der Pflanzstelle auf, damit der Pflanze das Wurzeln leichtfällt. Gebe etwas Dünger hinein. Dann nimmst du die Pflanze aus dem Topf, tauchst sie ein paar Minuten in einen Eimer mit Wasser, bis keine Luftblasen mehr aufsteigen, und setzt den nassen Wurzelballen ein. Erde auffüllen und etwas festtreten, damit kein Hohlraum entsteht. Gut gießen – auch in den nächsten Tagen.

NATÜRLICH DÜNGEN

Pflanzen brauchen Nährstoffe, vor allem wachstumanregenden Stickstoff, Phosphor und Kalium. Diese Stoffe kannst du durch mineralischen oder organischen Dünger zuführen. Ich schwöre auf organischen, der von Mikroorganismen aufgespalten werden muss und daher Nährstoffe langsamer freisetzt. Mein Favorit sind Hornspäne. Die gibt's im Gartenmarkt. Nach dem Verteilen gießen, sonst kann die Pflanze die Nährstoffe nicht aufnehmen. Toll sind Pferde- und Kuhmist. Andere Dünger kannst du günstig selber herstellen. Deine Pflanzen lieben es, wenn du sie mit dem Gemüsewasser von Kartoffeln, Blumenkohl oder Spargel gießt. Getrockneter Kaffeesatz beugt Stickstoffmangel vor und vertreibt Schnecken. Eierschalen liefern Kalk. Dünge aber möglichst nur in der Hauptwachstumszeit und höre damit spätestens Mitte August auf.

RICHTIG GIESSEN

Die meisten Pflanzen wollen lieber von unten gegossen werden, weil sie sonst anfällig für Pilzkrankheiten werden. Tomaten mögen nicht mal Regen, die wollen sogar ein Schutzdach. Ich bevorzuge Wasser aus der Regentonne, es ist weicher, kalkfrei, kostenlos und nicht so kalt wie Leitungswasser. Im Hochsommer solltest du täglich gießen – am besten morgens. Tagsüber verdunstet die Flüssigkeit zu schnell, abends trocknet sie nicht so gut ab und lockt Schnecken an. Gieße so lange, bis das Wasser die Erde richtig tief durchdrungen hat. Das könnten pro Quadratmeter ruhig mal 20 Liter sein! So hilfst du der Pflanze, lange Wurzeln zu bilden, mit denen sie Trockenzeiten besser übersteht.

GUTES SAATGUT KAUFEN

Auch wenn es teurer ist: Hol dir Qualitätssaatgut, am besten ökologisches oder welches aus deiner Region. Gute Sorten sind Quedlinburger oder Bingenheimer Saatgut, das ist besonders keimfähig und von hoher Qualität. Für Radieschen oder Möhren sind Saatbänder praktisch, da haben die Körner schon den richtigen Abstand, du musst sie nur ausrollen und auf die empfohlene Tiefe achten. Ich kaufe inzwischen ganz gern Jungpflanzen vom Gärtner, statt vorzuziehen. So habe ich weniger Arbeit. Die Pflanzen sind von guter Qualität. Nur Salat säe ich gern aus, der wächst schön schnell und je nach Sorte bis in den Herbst hinein. Saatgut kaufe ich immer im Fachhandel. Im Discounter gibt es meist nur hybride Sorten *(erkennbar am Aufdruck F1)*, bei denen aus zwei Sorten eine Folgegeneration gekreuzt wurde. Diese trägt nach der Erstaussaat zwar sehr gut, bei Verwendung ihrer Samen in der nächsten Saison ist das Ergebnis aber oft enttäuschend.

HIER SPRICHT DIE ZIMMERMEISTERIN

WARUM DU KEINE ANGST VOR DEM LAUBENBAU HABEN MUSST

Diese Frau ist der Hammer! Wenn du Maren Meyer-Kohlus (44) zuschaust, wie sie Nägel versenkt, Holz sägt oder Dachbalken verschraubt, denkst du kurz: „Das will ich auch!" Aber so leicht ist das bei der eigenen Laube dann eben doch nicht, ob du nun ein altes Häuschen sanierst oder dir ein neues baust. Wie gut, dass die Zimmermeisterin aus Tönning hier etwas Starthilfe gibt, sagt, welches Holz du brauchst – und warum du von Tapeten lieber die Finger lassen solltest.

MAREN MEYER-KOHLUS
bringt auch Lauben auf Vordermann
(www.die-zimmerin.de)

Woran erkenne ich, ob meine alte Laube noch etwas taugt?
Ideal ist es, wenn du mal unter den Dachstuhl gucken kannst, um zu prüfen, ob das Holz dort schon weich wird. Das ist immer ein schlechtes Zeichen. Bohre an tragenden Balken mal die Spitze deines Schraubenziehers rein oder klopfe mit der Hammerspitze gegen. Gibt das Holz sofort nach, solltest du dir Gedanken machen. Schau auch, ob die Tür gut auf- und zugeht. Wenn nicht, kann es ein Zeichen von Feuchtigkeit sein. Schau hinter alte Schränke oder Wandverkleidungen, dort pilzt es als Erstes rum. Schimmel kann übrigens schwarz oder weiß aussehen.

Was tun, wenn einzelne Bretter morsch sind?
Da musst du nicht nervös werden. So was ist normal, wenn die Wände viel Regen oder Spritzwasser abkriegen. Gerade wenn die Bretter waagerecht verschalt sind, kann man sie leicht austauschen. Dazu einfach Nägel oder Schrauben lösen, Brett abhebeln, neues Brett befestigen, fertig. Bei tragenden Konstruktionen hol dir lieber einen Profi. Zimmerer nehmen im Schnitt 45 Euro netto pro Stunde. Ich habe auch mal einem Paar das Laubendach dicht gemacht. Den Rest wollte es selbst schaffen.

Woran erkenne ich Asbest?
Erkennen ist schwierig, aber vielleicht hilft dir die Info, dass Wellzementplatten, die vor 1992 verbaut wurden, in der Regel Asbest enthalten. Die meisten alten Laubendächer sind also aus Asbest. Aber solange sie heil sind und nichts

rumbröselt, ist das nicht schlimm. Erst wenn was kaputtgeht und du die Fasern einatmest, wird es gesundheitsschädigend. Allerdings solltest du bedenken, dass du nicht jeden Defekt auf dem Dach siehst, aber dein Regenwasser, mit dem du später dein Gemüse gießt, darüber fließt. Langfristig ist es deswegen sinnvoll, Asbest auszutauschen. Bitte reinige dein Asbestdach in der Zwischenzeit bloß nicht mit einem Hochdruckreiniger. Dann fangen die Probleme erst an.

Wie entferne ich Asbest richtig?
Das solltest du zu deinem eigenen Schutz eine Fachfirma mit Sachkundenachweis für Asbestarbeiten machen lassen. Wenn du es unbedingt selbst erledigen willst, solltest du das Dach im feuchten Zustand mit Bindemittel einsprühen, bevor du es anfasst. Dabei unbedingt Schutzanzug, Mundschutz und Handschuhe tragen. Das Asbest bringst du am besten in Big Bags zur Entsorgungsstelle. Letztere bekommst du in Baumärkten. Deine Arbeitskleidung entsorgst du am besten gleich mit.

Und wie reiße ich eine alte Laube ab, wenn sie nicht mehr zu retten ist?
Klingt banal, aber: immer von oben nach unten, damit dir nichts auf den Kopf fällt. Nur mach so etwas bitte nicht allein. Und denke an stabiles Schuhwerk und den Mundschutz.

Nach dem Abriss muss eine neue Hütte her. Was ist besser: bauen oder kaufen?
Gegenfrage: Was willst du? Beim Selberbauen kriegst du am Ende natürlich die Laube, die du wirklich haben willst. Dafür sind Bausätze für Fertiglauben oft deutlich günstiger. Du musst schauen, wie viel du dir zutraust. Das Aufstellen einer Fertiglaube unter Anleitung kriegst du sicher hin. Einen kompletten Neubau selbst ausdenken und umsetzen – das ist schwieriger. Es gibt aber Handwerker, mit denen du das gemeinsam machen kannst. Oder du lässt dir vom Profi nur ein Gerüst hinstellen. Dann stimmt auch gleich die Statik. Das Eindecken von Dach und Wänden schaffst du sicher gut allein.

In welche Himmelsrichtung stelle ich meine Laube am besten auf?
Die meisten Terrassen gehen nach Südwest, weil du da am längsten Sonne hast. Allerdings ist der Westen meist auch die Wetterseite, sie kriegt am meisten Regen, Hagel und Schnee ab, das Holz sieht dort am schnellsten ramponiert aus. Da musst du dann unter Umständen öfter nachstreichen als den Rest der Laube.

Was brauche ich für ein Fundament?
Das kommt auf die Größe deines Gartenhauses an. Wird es nur ein kleiner Geräteschuppen, reicht es, wenn du die Erde aushebst, Kies und Sand auffüllst und Gehwegplatten darauflegst. Bei einer größeren Laube musst du schauen, was in deiner Kleingartenanlage erlaubt ist. Ohne Einschränkungen würde ich ein Streifen- oder Punktfundament aus Beton empfehlen. Bei der letzten Variante werden Stahlpfostenträger 30 mal 30 Zentimeter groß in frostfesten 80 Zentimetern Tiefe einbetoniert, auf denen du später Holzbalken verschraubst. So schwebt die Laube quasi, der Boden berührt nicht die Erde. Für alle drei Varianten gibt es Anleitungen im Internet.

Welches Holz empfiehlst du für Laube und Terrasse?
Wenn du nicht ständig streichen willst, empfehle ich dir Lärchenholz. Das ist fester und unempfindlicher, braucht nicht so viel Behandlung. Es wird höchstens grau, aber vergammelt nicht. Und es duftet wunderbar nach Holz. Willst du deine Laube aber eh bunt streichen, dann reicht auch Fichte oder Kiefer. Diese beiden Holzarten bleiben jedoch auch nach dem Anstrich weicher und empfindlicher als die Lärche.

Wie baue ich das einfachste Dach – und womit decke ich es?
Nimm ein Pultdach. Das sieht aus wie ein Flachdach, ist aber leicht geneigt, damit das Wasser ablaufen kann. Es ist günstiger als jedes andere Dach, weil es weniger Ecken und Kanten hat und nur gerade Dachrinnen braucht. Ich würde es mit Trapezblech decken, das ist pflegeleichter als Teerpappe, die du alle paar Jahre erneuern musst.

Ist das Einsetzen von Fenstern sehr kompliziert?
Nein. Du musst dazu einfach ein Fenster in die vorgesehene Öffnung so einkeilen, dass es in allen Richtungen gut sitzt. Dann kannst du es schon anschrauben. Das geht bei Holzfenstern mit normalen Schraubenziehern ganz leicht, bei Kunststofffenstern brauchst du einen Stahlbohrer. Oder du schäumst das Fenster ein. Aber vergiss nicht, vorher von außen ein Quellband vor den Spalt zu kleben, damit der Schaum nicht hinten wieder rauskommt.

Wie dämme ich das Häuschen?
Günstig geht das mit Mineralwolle, also Glas- oder Steinwolle, die kann aber schlechter mit Feuchtigkeit umgehen. Natürlicher sind Hanfwolle, Holzwolle oder Zellulosefasern, für Letztere solltest du einen Profi kommen lassen. Ich würde immer Holzwolle nehmen, die kann man selbst einbauen. Sie ist zwar schwer zu schneiden, aber Holzwolle kann Feuchtigkeit am besten wieder abgeben, weil sie eben ein Naturstoff ist.

Welches Material würdest du für den Innenausbau empfehlen?
Auch Holz. Für die Vertäfelung der Wände kannst du gern Kiefer oder Fichte nehmen, auch die günstigste. Dann sehen die Paneele zwar etwas grober aus, aber die behandelst du ja eh noch. Für den Boden empfehle ich Holzdielen. Wichtig: Lass reihum an der Kante 1 bis 1,5 Zentimeter Luft, damit der Boden sich noch ausdehnen kann. Sonst kann es passieren, dass er sich wellt oder du irgendwann die Tür nicht mehr aufkriegst.

Was, wenn aus meiner Vertäfelung plötzlich Harz aus den Astlöchern ausläuft?
Das kannst du nicht abstellen, du musst warten, bis das Harz raus ist. Dann kannst du es auskratzen und das leere Astloch mit Holzpaste überspachteln.

Welche Farbe empfiehlst du denn zum Streichen?
Ich verwende immer Öle und Lasuren, weil man sie einfach überstreichen kann. Einen Lack musst du vorher abschleifen. Wer einmal Bootslack drauf hatte, der weiß, dass das kein Spaß ist. Denn wenn der Lack Risse bekommt, kann Regenwasser eindringen, das kommt aber eventuell nicht so leicht wieder hinaus. Such dir am besten eine gesunde Farbe aus, vielleicht willst du in deinem Häuschen ja mal übernachten. Außerdem steht es in deinem Gemüsegarten!

Was ist mit Tapeten in der Laube?
Lass das lieber. Papier kann der Feuchtigkeit im Winter nicht standhalten, es wellt sich nur und das sieht ziemlich oll aus.

Hast du noch einen Rat zur Ableitung des Regenwassers?
Wenn deine Regentonne sehr nah an der Laube steht und schnell voll ist, kann das überlaufende Wasser schon mal dein Fundament oder die Holzwand schädigen. Bau dir am besten einen Überlauf in eine zweite Tonne oder stell deine Tonne gleich weiter vom Haus weg. Und wenn du keine Tonne hast: Das untere Ende der Fallrohre würde ich dann im Bogen vom Haus wegleiten – aber möglichst so, dass keiner drüberstolpert.

FRISCHE KÜCHE

Unsere Garden Girls sind nicht nur kreativ beim Pflanzen und Einrichten. Auch aus ihrer Ernte holen sie das Beste heraus. Hier verraten sie ihre Lieblingsrezepte – von Apfeltarte bis Zwetschgenmus.

Bernadetts
BUNTER SOMMERSALAT
FÜR 4 PERSONEN

ZUTATEN

1 Kopf Buttersalat
1 Bund Radieschen
4 Stangen grüner Spargel
4 Stangen weißer Spargel
1 Aprikose *(wahlweise auch 1 Apfel)*
1 Handvoll Erdbeeren
1 Handvoll Himbeeren
1–2 Halloumi
2 Eier
essbare Blüten *(z. B. von der Kapuzinerkresse)*

Für das Dressing:
1 EL Apfelessig
1 EL Olivenöl
1 EL Sonnenblumenöl
1 Spritzer Zitronensaft
5 Stängel Petersilie
1 TL Honig
Salz, Pfeffer

ZUBEREITUNG

Salat, Radieschen, Spargel, Aprikose und Erdbeeren waschen und in Stücke schneiden. Himbeeren waschen. Den weißen Spargel bissfest kochen, den grünen mit dem Halloumi grillen. Die Spargelstangen in kleinere Stücke schneiden, den Halloumi würfeln. Eier 5 Minuten kochen *(sie sollen noch weich sein)*. Für das Dressing alle Zutaten verrühren und über den Salat gießen. Eier pellen, auf den Salat legen und vorsichtig aufschneiden. Zum Schluss ein paar essbare Blüten drüberstreuen.

TIPP

Zum Sommersalat passen frisches Brot und Baguette.

BERNADETT FASSHAUER-KOTTE – BERLIN
Seite 90

Rezepte **FRISCHE KÜCHE**

Annas
APFELTARTE MIT KARAMELLISIERTEN WALNÜSSEN
FÜR 1 TARTEFORM VON 28 CM DURCHMESSER

ANNA WEIS – BERLIN
Seite 8

ZUTATEN

1,5–2 mittelgroße Äpfel
1 kleiner Apfel

Für den Teig:
90 g Butter
1 Ei
50 g Zucker
200 g Mehl
½ TL Backpulver

Für den Guss:
4 Walnusshälften
2 EL Rohrzucker
2 EL Wasser

ZUBEREITUNG

Alle Zutaten für den Teig in einer Schüssel vermengen. Form fetten, Boden und Rand mit dem Teig auskleiden. Wenn es schnell gehen muss, kannst du auch einen fertigen Mürbeteig kaufen.

Äpfel vierteln, die Viertel gerade in Spalten schneiden. Damit sie sich besser legen lassen, sollten sie auf jeder Höhe die gleiche Dicke haben. Außen die Stücke des großen Apfels, innen die des kleinen Apfels kreisförmig auf den Teig legen.

Bei 180 Grad Ober- und Unterhitze 20 Minuten backen.

Für den Guss Walnüsse mit den Fingern in kleine Stücke brechen. Zucker in Wasser auflösen, aufkochen, vom Herd nehmen. Wenn es nicht mehr brodelt, Walnussstückchen dazugeben und vermischen. Nach der Backzeit auf den Kuchen geben.

195

Ankas
APFEL-KAROTTEN-BEEREN-KUCHEN
FÜR 2 SPRINGFORMEN VON 21 CM DURCHMESSER

ZUTATEN

3 Eier
200 g Zucker *(100 g weiß, 100 g Rohzucker)*
1 Päckchen Vanillezucker
120 g Mehl
150 g gemahlene Nussmischung *(Haselnüsse, Mandeln, Pistazien, Cashews – je nach Geschmack gemixt und z. B. im Blender gemahlen)*
1 TL Natron
2 TL Backpulver
Zimt und Kardamom nach Geschmack
3–4 Karotten
200–250 ml Apfelmus oder Apfelstückchen *(Kompott oder frisch)*
150 g Butter

Für das Frosting:
100 g Butter
300 g Philadelphia
180 g Puderzucker
Zitronensaft nach Geschmack

Borretsch- oder andere essbare Blüten und Brombeeren zum Dekorieren

ZUBEREITUNG

Eier mit Zucker vermischen, schaumig schlagen. Alle trockenen Zutaten zusammenmischen und zu der Eimasse geben. Karotten raspeln. Wenn kein Mus da ist, auch die Äpfel raspeln. Die Butter schmelzen und mit dem Apfelmus oder den Apfelstückchen und den geraspelten Karotten unterrühren. In zwei Formen füllen und für 40 Minuten im Ofen bei 150 Grad Ober- und Unterhitze backen. Abkühlen lassen.

Für das Frosting die weiche Butter mit Philadelphia, Zucker und Zitronensaft gut vermischen. Wenn der Kuchen abgekühlt ist, den ersten Boden auf einen Teller legen, einen Teil des Frostings darauf verstreichen. Dann den zweiten Kuchen darauflegen und den Rest der Frischkäsecreme darauf und drum herum verteilen und glatt streichen.

Mit Blüten und Brombeeren dekorieren.

ANKA REHBOCK – LÜBECK
Seite 72

Rezepte **FRISCHE KÜCHE**

Christianes
JOHANNISBEER-STACHELBEER-MARMELADE

FÜR ETWA 4 GLÄSER À 250 ML

ZUTATEN

500 g Johannisbeeren
250 g Stachelbeeren
250 g Gelierzucker *(3:1)*

ZUBEREITUNG

Stielchen und Strunkenden von Johannisbeeren und Stachelbeeren entfernen, anschließend Früchte putzen und waschen. Pürieren und mit dem Gelierzucker in einem großen Topf aufkochen. 3 bis 4 Minuten kochen lassen, dann eine Gelierprobe entnehmen. Dafür ein paar Tropfen auf einen Teller geben, abkühlen lassen und die Konsistenz prüfen. Ist sie in Ordnung, Topf vom Herd nehmen und die heiße Marmelade in die Gläser füllen. Dazu verwendet man am besten einen großen Löffel oder eine Suppenkelle und einen Trichter. Nach dem Einfüllen die Deckel schließen und die Gläser für 5 bis 10 Minuten kopfüber stellen.

TIPP

Der Geschmack dieser Marmelade ist leicht säuerlich, daher passt sie prima zu pikantem Käse. Wer keine Kerne mag, kann das Obst nach dem Pürieren durch ein Sieb drücken und erst danach kochen. Und für eine Vanillenote kocht man einfach eine leere Vanilleschote mit.

CHRISTIANE BORGMANN – MÜNSTER
Seite 114

Claudias
ZWETSCHGENMUS AUS DEM BACKOFEN

FÜR 6–8 GLÄSER À 250 G

ZUTATEN

3 kg Zwetschgen
600 g Gelierzucker *(3:1 oder 2:1)*
1 gestrichener EL Zimt
1 gestrichener TL Nelkenpfeffer

ZUBEREITUNG

Zwetschgen entsteinen und pürieren. Mit Zucker sowie Gewürzen vermischen und in einen Bräter geben. Im auf 175 Grad Ober- und Unterhitze vorgeheizten Ofen 1,5 bis 2 Stunden garen. Immer wieder umrühren, damit sich keine Haut bildet, da diese die Feuchtigkeitsabgabe vermindert.

Das noch heiße Zwetschgenmus in Schraubgläser füllen und fest verschließen.

CLAUDIA NEUMEIER – MÜNCHEN
Seite 16

Dagmars
ERDBEEREIS AM STIEL
FÜR 12 PORTIONEN

ZUTATEN

260 ml Wasser
150 g Zucker
Abrieb von 1 Bio-Zitrone
100 g griechischer Sahnejoghurt
1 Beutel Crushed Ice
300 g Mascarpone
400 g Erdbeeren
1 EL Puderzucker
12 Stieleis-Formen à 150 ml
12 Holzstiele

ZUBEREITUNG

Wasser mit Zucker und Zitronenabrieb zum Sirup aufkochen. Joghurt in den noch warmen Sirup einrühren. Eine Schüssel mit einem Beutel Crushed Ice füllen. Topf hineinstellen und die Masse so lange rühren, bis sie erkaltet ist. Mascarpone unterrühren. Erdbeeren waschen, putzen, pürieren und passieren. Puderzucker zugeben. Erdbeermus und Mascarponecreme abwechselnd in Stieleis-Formen geben, anfrieren lassen, Stiele hineinstecken. Mindestens 4 Stunden durchfrieren lassen.

DAGMAR HEITMANN – DÜSSELDORF
Seite 122

Elisas
RHABARBER-MOUSSE
FÜR 4 PERSONEN

ZUTATEN

300 g Rhabarber
100 g Zucker
1 Zitrone
Vanillepulver
4 Blatt Gelatine
200 g Schlagsahne

ZUBEREITUNG

Rhabarber klein schneiden, in einen Topf geben, mit Zucker bestreuen, Saft ziehen lassen. Saft der Zitrone dazugeben. Mit Wasser auffüllen, bis der Rhabarber bedeckt ist. Kurz aufkochen, wenn der Rhabarber weich ist, Herd ausschalten. Danach Vanillepulver zugeben und die Masse pürieren. Pro Glas 3 EL des Pürees für die Dekoration beiseitestellen. Gelatine in kaltem Wasser einweichen, ausdrücken und zum Rhabarbermus geben. Vermengen und abkühlen lassen. Sahne aufschlagen und unterheben, in Gläser abfüllen und zum Festwerden in den Kühlschrank stellen. Mit Schokoplättchen oder bunten Beeren verziert servieren.

ELISA MÄRKEL – LEIPZIG
Seite 56

Rezepte **FRISCHE KÜCHE**

Katrins
RÖSTKARTOFFELSALAT MIT HASELNUSS-MANGOLD-PESTO
FÜR 4 PERSONEN

ZUBEREITUNG

Kartoffeln waschen, abschrubben und in Würfel schneiden. Auf ein Backblech geben, salzen, pfeffern, mit Olivenöl beträufeln. Knoblauchknolle mit Schale halbieren, die Hälfte mit aufs Blech legen, leicht andrücken. Bei 200 Grad 20 Minuten rösten, danach in einer Schüssel erkalten lassen.

Für das Pesto alle Zutaten pürieren.

Mozzarella in Würfel schneiden, mit dem Pesto zu den abgekühlten Kartoffeln geben. Zitronensaft und Olivenöl untermengen. Mit Salz und Pfeffer abschmecken.

Auf jedem Teller eine Handvoll Wildkräutersalat anrichten, in die Mitte eine Portion der Kartoffeln geben, geröstete Haselnusskerne darüberstreuen.

TIPP

Die Haselnüsse kannst du auch auf Vorrat rösten. Dazu nach dem Knacken in eine Pfanne ohne Fett geben und umrühren, bis sie zartbraun werden. Anschließend grob zerhacken. Wer im Garten keinen Herd hat, kann die Kartoffeln auch auf dem Grill rösten.

ZUTATEN

4 große festkochende Kartoffeln
Salz, Pfeffer
4 EL Olivenöl
½ Knolle Knoblauch
1 Mozzarella
Saft von ½ Zitrone
4 Handvoll Wildkräutersalat *(oder einzeln Babyspinat, Giersch, Babymangold)*
75 g geröstete Haselnüsse

Für das Pesto:
100 g Babymangold
75 g geröstete Haselnüsse
125 ml Olivenöl
½ Zehe Knoblauch
Salz, Pfeffer

KATRIN OSBURG – DÜSSELDORF
Seite 166

Simones
DINKEL-KRÄUTER-BROT MIT SAUERKIRSCH-FEIGEN-CHUTNEY

FÜR ETWA 5 GLÄSER À 200 ML

ZUTATEN

1,2 kg Sauerkirschen
200 g rote Zwiebeln
50 g frische Feigen
400 g Zucker
250 ml Himbeeressig
2 Zweige Rosmarin

Für das Brot:
400 g Dinkelmehl
1 Päckchen Trockenhefe
1 Handvoll gehackte Gartenkräuter (z. B. Rosmarin, Thymian, Basilikum, Oregano)
1 Handvoll getrocknete Tomaten, klein geschnitten
2 TL Salz
2 TL Brot-Gewürzmischung
0,5 l lauwarmes Wasser
2 EL Agavendicksaft

Zum Backen:
rund 17 Briketts

ZUBEREITUNG

Das Chutney am Vortag zubereiten. Dafür Kirschen waschen, Stiele und Steine entfernen. Zwiebeln schälen und in Würfel hacken. Feigen in feine Streifen schneiden. Kirschen, Zwiebeln und Feigen mit Zucker, Essig und Rosmarin in einen Topf geben und vermengen. Unter Rühren zum Kochen bringen, bei mittlerer Hitze zu einer dicken Flüssigkeit einkochen lassen. Dies dauert 30 Minuten und länger. Immer wieder umrühren. Grob pürieren, das heiße Chutney in Schraubgläser füllen und sofort verschließen. Es hält sich bei kühler und dunkler Lagerung mindestens ein halbes Jahr.

Für das Brot alle Zutaten in einer Schüssel vermischen, etwa 30 Minuten ruhen lassen. In dieser Zeit etwa 17 Briketts auf der Feuerstelle anzünden. Dutch Oven *(siehe links)* mit Backpapier auskleiden, Teig einfüllen und den geschlossenen Topf auf etwa 7 der glühenden Briketts stellen. Die anderen 10 Briketts mit einer Zange auf den geschlossenen Deckel legen. Auf diese Weise das Brot für 60 bis 80 Minuten backen lassen, zwischendurch immer mal wieder reinschauen. Vorsicht, der Deckel ist sehr schwer und heiß, möglichst passende Deckelheber vom Hersteller verwenden. Am besten schmeckt das Brot zum Chutney, wenn es noch leicht warm ist.

TIPP

Ein Dutch Oven ist ein gusseisernes Gefäß, mit dem du auf offenem Feuer kochen kannst. Du bekommst ihn bei großen Internet-Anbietern. Gib lieber etwas mehr Geld aus, bei billigen Feuertöpfen schließt der Deckel meist nicht richtig.

SIMONE FÜRST – BRAUNSCHWEIG
Seite 148

Rezepte **FRISCHE KÜCHE**

Gabrieles
AUFGESETZTER VON BROMBEEREN
FÜR ETWA 700 ML

ZUTATEN

500 g Brombeeren
250 g weißer feiner Kandiszucker
½ Vanilleschote
1 Flasche Wodka

ZUBEREITUNG

Früchte waschen, Stiele entfernen. Beeren und Zucker abwechselnd in eine Flasche einfüllen. Vanilleschote in die Flasche geben. Wodka aufgießen. Flasche gut verschließen, ein paarmal wenden, damit sich alle Zutaten gut verteilen. Sechs Wochen an einem dunklen Ort aufbewahren.

TIPP

Wenn ich den Likör für Gäste in eine Kristallkaraffe umfülle, lasse ich die Beeren drin. Das sieht hübsch aus, und die Früchte schmecken auch lecker. Wenn du das nicht magst, kannst du die Flüssigkeit auch per Sieb abseihen, die Beeren zu Eis essen oder sie zu Marmelade verkochen.

GABRIELE HEISELER – DÜSSELDORF
Seite 32

Esthers
BUNTER GURKENSALAT
FÜR 4 PERSONEN

ZUTATEN

1 Zitrone
3 EL Bio-Naturjoghurt
3 EL Buttermilch
2,5 TL Honig
1–2 TL Heidelbeerbalsamessig
Fleur de Sel
bunter Pfeffer aus der Mühle
2 kleine Gurken
essbare Blüten von Rucola, Salbei, Taubnessel, Klee, Holunder o. Ä.
rote Pfefferkörner

ZUBEREITUNG

Von der Zitrone Zesten ziehen und für die Dekoration beiseitestellen. Aus einer halben Zitrone Saft pressen. Zitronensaft, Joghurt, Buttermilch, Honig, Essig, Fleur de Sel und den bunten Pfeffer zum Dressing verrühren. Gurken schälen, in Stifte schneiden und auf zwei Tellern anordnen. Blüten, Zitronenzesten und rote Pfefferkörner drüberstreuen, dann das Dressing auf dem Salat verteilen.

ESTHER DINTER – HANNOVER
Seite 64

Sabines
ERDBEER-TIRAMISU
FÜR 3 WECKGLÄSER À 500 ML

ZUTATEN

750 g frische Erdbeeren oder gefrorenes Erdbeermus
4 EL Mascarpone
1 EL Zucker
250 ml Schlagsahne
ca. 20 Stück Löffelbiskuits
Saft von 1–2 Orangen

ZUBEREITUNG

Pro Portion eine Erdbeere für die Deko aufheben. Etwa drei Viertel der Beeren mit dem Pürierstab zerkleinern, mit Mascarpone und Zucker vermischen, Schlagsahne steif schlagen. Restliche Erdbeeren in Scheiben schneiden. Löffelbiskuits kurz in Orangensaft tunken, abwechselnd mit dem Mascarpone-Erdbeer-Gemisch, in Scheiben geschnittenen Erdbeeren und der Schlagsahne in Gläser schichten. Eine Nacht im Kühlschrank fest werden lassen. Am Schluss für jedes Glas eine der aufgehobenen Erdbeeren halbieren und auf das Tiramisu legen.

SABINE HERNLER – GRAZ
Seite 24

Julianes
ERDBEER-MINZ-SIRUP
FÜR CA. 2 FLASCHEN À 500 ML

ZUTATEN

500 g Erdbeeren
1 l Wasser
1 kg Honig
2–3 Stängel Minze

ZUBEREITUNG

Alle Zutaten bis auf die Minze aufkochen und etwa 10 Minuten sprudeln lassen. Erkalten lassen. Dann die Minze hinzugeben und eine halbe Stunde ziehen lassen. Minze entfernen.

Flaschen mit heißem Wasser sterilisieren. Sirup abfüllen, Flasche verschließen.

JULIANE FRANKE – MAGDEBURG
Seite 48

Rezepte **FRISCHE KÜCHE**

Lauras GEMÜSEPFANNE VOM GRILL
FÜR 2 PERSONEN

ZUTATEN

1 Zwiebel
2 Zehen Knoblauch
4 mittelgroße Kartoffeln
3 Karotten
½ Fenchel
1 Zucchini
1 Handvoll Erbsenschoten
500 g Cocktailtomaten
Olivenöl
Salz
Pfeffer
Kurkuma
scharfer Paprika

ZUBEREITUNG

Gemüse bis auf die Erbsenschoten klein schneiden. Grill anheizen, gusseiserne Pfanne auf den Rost stellen.

Etwas Olivenöl erhitzen. Zwiebel und Knoblauch andünsten. Kartoffeln und Karotten zugeben und 5 Minuten braten, zwischendurch umrühren. Danach den Fenchel und den Rest des Gemüses zugeben, würzen. 30 bis 40 Minuten zugedeckt garen lassen. Falls das Gericht zu trocken wird, zwischendurch einen Schuss Wasser oder mehr Tomaten zugeben.

TIPP

Zusätzlich kann man Kräuter *(z. B. Liebstöckel, Thymian, Oregano)* hinzugeben. Die Zweige vorher mit Küchengarn zusammenbinden, dann lassen sie sich vor dem Servieren leicht entfernen.

LAURA KUHN – PFORZHEIM
Seite 98

Silvias
SÜSS-SAURE CURRY-ZUCCHETTI
FÜR 12 SCHRAUBGLÄSER À 300 ML

ZUTATEN

3 kg Zucchetti *(Schweizer Wort für Zucchini)*
3 mittelgroße Zwiebeln
80 g Salz *(oder 4 EL)*
0,6 l Weißweinessig
0,6 l Wasser
400 g Zucker
3–5 EL Curry, rot und gelb gemischt

ZUBEREITUNG

Die Zubereitung geht über vier Tage. Am ersten Tag Zucchetti waschen und in ca. 1,5 cm große Würfel schneiden. Zwiebeln in nicht zu dünne Ringe schneiden. Zwiebeln und Zucchetti mischen, mit Salz bestreuen. Mit Frischhaltefolie abgedeckt im Kühlschrank über Nacht stehen lassen. In dieser Zeit entzieht das Salz den Zucchetti Wasser.

Am zweiten Tag den Sud *(riecht nicht sehr lecker)* abgießen, das Gemüse gründlich mit Wasser spülen, gut abtropfen lassen. Essig, Wasser, Zucker und Curry aufkochen, heiß übers Gemüse gießen. Wieder zugedeckt 12 Stunden im Kühlschrank stehen lassen.

Am dritten Tag den Sirup in eine Pfanne abseihen, wieder aufkochen, übers Gemüse gießen und zugedeckt weitere 12 Stunden kalt stellen.

Am vierten Tag das Gemüse mit der Flüssigkeit aufkochen und 2 bis 3 Minuten köcheln lassen. Sofort in ausgekochte Schraubgläser füllen, das Gemüse muss mit Flüssigkeit bedeckt sein. Die Gläser umgehend verschließen und bis zum Erkalten auf den Kopf stellen.

TIPP

Kühl und dunkel aufbewahrt halten sich die Curry-Zucchetti etwa ein halbes Jahr.

SILVIA BUCHLI – ZÜRICH
Seite 140

Rezepte **FRISCHE KÜCHE**

Patricias
BLAUBEER-ROSMARIN-LIMO
FÜR ETWA 1,5 L

ZUTATEN

300 g Blaubeeren
2–3 Stängel Rosmarin
3 Päckchen Vanillezucker
1,5 l Mineralwasser

ZUBEREITUNG

Die Blaubeeren waschen. Vom Rosmarin die Spitzen entfernen. Beeren, Rosmarinspitzen und Vanillezucker mit etwa 2 Esslöffeln Wasser aufkochen und 2 bis 3 Minuten einköcheln lassen. Danach pürieren und abkühlen lassen. Anschließend das Püree in einen Krug füllen und mit dem Mineralwasser aufgießen.

TIPP

Wem die Limo zu süß ist, der gibt einfach mehr Wasser hinzu.

PATRICIA GRONER – HAMBURG
Seite 158

Nabilas
HIMBEERKETCHUP
FÜR ETWA 600 ML

ZUTATEN

2 Kardamomkapseln
1 kleine getrocknete Chilischote
800 ml passierte Tomaten
300 g Himbeeren
125 g Zucker
2 geschälte Zwiebeln
10 Pimentkörner
3 Nelken
1 Zimtstange
1 Lorbeerblatt
4 Wacholderbeeren
etwas gemahlener Pfeffer
25 ml Weißweinessig

ZUBEREITUNG

Kardamomkapseln und Chilischote mit der breiten Seite eines Messers leicht andrücken. Alle Zutaten *(bis auf den Essig)* in einen Topf geben und etwa 20 Minuten köcheln lassen. Das Gemisch durch ein Sieb passieren, Essig zufügen, alles ungefähr 1 Stunde bei offenem Deckel einköcheln lassen. Die Konsistenz sollte am Ende etwas flüssiger als bei Ketchup sein, da Himbeerketchup beim Erkalten noch nachdickt. Den heißen Himbeerketchup in Einmachgläser oder Flaschen füllen.

NABILA PELZ – DORTMUND
Seite 132

Sandras
FUNTIKI ZUM MIXEN
FÜR 1 COCKTAILGLAS

ZUTATEN

Der Sirup wird in größerer Menge auf Vorrat hergestellt. Die Mengenangaben pro Glas kannst du einfach mit der Anzahl deiner Gäste multiplizieren.

Für den Minzsirup:
500 g Zucker
½ l Wasser
1 großer Bund oder 2 Handvoll Minze

Für den Himbeersirup:
500 g Zucker
½ l Wasser
500 g Himbeeren

Für ein Glas Funtiki:
2 EL Himbeersirup
3 EL Minzsirup
100 ml Tonic
60 ml Limettensaft
150 ml Sprudelwasser

ZUBEREITUNG

Sirup am Vortag zubereiten. Für den Minzsirup Zucker mit Wasser 1 Minute sprudelnd kochen. Etwas abkühlen lassen, dann die frische Minze dazugeben *(einige Blätter für die Garnitur zurückhalten)* und mindestens 30 Minuten ziehen lassen. Minze entfernen. Sirup in eine Flasche abfüllen. Gut verschließen, kalt und dunkel lagern.

Nach dem gleichen Prinzip Himbeersirup zubereiten. Himbeeren *(wieder einige zum Garnieren zurückbehalten)* mit Zucker in Wasser 1 Minute aufkochen, durch ein Sieb filtern und in eine Flasche abfüllen. Ebenfalls kühl und dunkel lagern.

Am nächsten Tag kann gemixt werden: je nach Anzahl der Gäste entsprechend Himbeersirup mit Minzsirup, Tonic, Limettensaft und Sprudelwasser vermengen, in Gläser füllen und mit Eiswürfeln servieren. Die übrigen Himbeeren und Minzblätter auf einen Spieß fädeln und auf das Glas legen.

TIPP

Für eine alkoholische Variante kannst du pro Glas einen Schuss (ca. 2 cl) weißen Rum zugeben.

SANDRA KOCH – BIELEFELD
Seite 40

Rezepte **FRISCHE KÜCHE**

Maries KIRSCH-MINZ-MARMELADE „SOMMER IM GLAS"
FÜR ETWA 5 WECKGLÄSER À 220 ML

ZUTATEN
1 kg Kirschen
500 g Gelierzucker
4 Zweige Minze *(½ Bund)*

ZUBEREITUNG
Kirschen waschen, per Messer oder Gerät entsteinen, leicht anpürieren, mit Zucker vermengen und aufkochen lassen. 3 Minuten sprudelnd kochen lassen, vom Herd nehmen und fein pürieren. Erst zum Schluss, damit das Aroma erhalten bleibt, die fein gehackte Minze unterrühren. Noch heiß in Weckgläser füllen.

TIPP
Vor dem Einkochen immer die Gläser sterilisieren! Dazu den Ofen auf 160 Grad Ober- und Unterhitze vorheizen. Die sauberen Gläser bzw. Flaschen für 10 Minuten aufs Backblech stellen *(hohe Flaschen legen)*. Etwas abkühlen lassen, dann mit dem heißen Einmachgut füllen. Die sauberen Deckel und Gummis kommen für ein paar Sekunden in kochendes Wasser. Das Sterilisieren hilft dabei, dass die Marmelade später nicht schimmelt.

MARIE HIMMEL – HAMBURG
Seite 106

Janines GIERSCH-PESTO
FÜR 2 BIS 4 PERSONEN

ZUTATEN
2 Handvoll Giersch *(die jungen, kleinen Blätter ohne Stiele)*
2 Stängel Thaibasilikum
1–2 Zehen Knoblauch
4 EL geröstete Pinienkerne oder Mandeln

1 TL abgeriebene Schale von 1 Bio-Zitrone
6 EL Olivenöl
6 El geriebener Parmesankäse
½ TL Salz
frisch gemahlener Pfeffer

ZUBEREITUNG
Giersch und Basilikum abwaschen und trocken schütteln. Eventuell vorhandene harte Stiele entfernen. Knoblauch schälen und grob hacken. Alle Zutaten bis auf Salz und Pfeffer mit dem Pürierstab nicht allzu fein pürieren. Nun mit Salz und Pfeffer abschmecken.

TIPP
Das Pesto lässt sich einige Tage im Kühlschrank aufbewahren, es schmeckt zu Spargel, Brot oder Pellkartoffeln.

JANINE SOMMER – BERLIN
Seite 82

IMPRESSUM

CALLWEY
SEIT 1884

© 2018
Verlag Georg D.W. Callwey
GmbH & Co. KG

Streitfeldstraße 35, 81673 München
buch@callwey.de
Tel.: +49 89 436 00 50
www.callwey.de

Wir sehen uns auf Instagram:
www.instagram.com/callwey
oder auf Facebook:
www.facebook.com/GardenGirlsBuch

ISBN 978-3-7667-2276-8
1. Auflage 2018

Das Werk einschließlich aller seiner Teile ist urheberrechtlich geschützt. Jede Verwertung außerhalb der engen Grenzen des Urheberrechtsgesetzes ist ohne Zustimmung des Verlags unzulässig und strafbar. Das gilt insbesondere für Vervielfältigungen, Übersetzungen, Mikroverfilmungen und die Einspeicherung und Verarbeitung in elektronischen Systemen.

HINTER DEN KULISSEN

Für dieses Buch hat unser Team 10.282 Kilometer zurückgelegt, 240-mal die Wetter-App gecheckt, Liegestühle geschleppt, Trampoline abgebaut und Blumen verpflanzt, um danach in acht- bis zwölfstündigen Produktionen jedes Garden Girl ganz groß rauszubringen. Nur eines kam zu kurz: das Testen der Hängematten.

Dieses Buch wurde in
CALLWEY QUALITÄT für Sie hergestellt

Bei der Materialauswahl und den Möglichkeiten der Buch-Veredelung überlässt das Callwey-Team nichts dem Zufall. So berücksichtigen wir die Gestaltung und Bildsprache jedes einzelnen Titels individuell. Denn dieser ganz besondere Inhalt soll nicht einfach nur schön gedruckt werden, die Buchseiten müssen sich auch gut anfühlen. Beim Inhaltspapier dieses Buchs haben wir uns für ein Garda matt in 150 g/m² entschieden – ein matt gestrichenes Volumen-Bilderdruckpapier. Dessen Oberfläche gibt dem Inhalt den gewünschten Charakter und bringt die bekannte Callwey-Bildsprache optimal zur Geltung. Der Blumenkranz auf dem Schutzumschlag wird durch Spotlackierung und Hochprägung haptisch ein Highlight. Dieses Buch wurde in Deutschland gedruckt und gebunden bei der Firmengruppe APPL, aprinta druck GmbH in Wemding.

DIE AUTORIN

Jana Henschel schrieb früher für überregionale Tageszeitungen, bevor sie Reporterin bei „Bild der Frau" wurde. Nach Feierabend lebt sie ihre Leidenschaft für Einrichtungsthemen aus. 2008 erschien ihr erstes Buch „Telefonate mit Denise". Sie wohnt und arbeitet in Hamburg, wo sie im eigenen Schrebergarten gerade gelbe Himbeeren gepflanzt hat und noch den passenden Streifenteppich für ihre Laube sucht.

DIE FOTOGRAFIN

Ulrike Schacht lebt und arbeitet als freie Fotografin in Hamburg. Zu ihren Kunden zählen namhafte Magazine und Unternehmen wie „Der Spiegel", „Für Sie", „Myway", „Shape", AstraZeneca, Beiersdorf, Jako-o und Ingenics. Sie ist neugierig auf Menschen und ihre Geschichten, hat ein Faible für Lifestyle, Interior – und gerade eine große Vorfreude auf die erste Ernte in dem Gewächshaus, das kürzlich in ihren Garten einzog.

VIEL FREUDE MIT
DIESEM BUCH WÜNSCHEN IHNEN

PROJEKTLEITUNG
Raffaela Reif

LEKTORAT
Büro Anne Funck, München

GRAFISCHE GESTALTUNG
Sina & Ruben Preuße, Hamburg

FOTOGRAFIE
Ulrike Schacht, Hamburg

HERSTELLUNG
Anja Muselmann,
Franziska Gassner

ILLUSTRATION
UMSCHLAGSEITE VORN
Created by Freepik